いつもリピーターで予約がいっぱい！

“地域一番”繁盛院の接客術

整体・カイロ
マッサージ
リフレ
アロマ
リラクゼーション

安東久美
Kumi Ando

同文館出版

はじめに

はじめまして。安東久美と申します。

私は2000年に栃木県宇都宮市で整体院を開業しました。現在ではスタッフも増え、2店舗を運営しています。

整体師としてお客様に施術を行なう他、2014年には社団法人 国際メディカルセラピスト育成協会を立ち上げ、スクール講師として「健康・癒し・美容・メンタル」のプロを育成しています。

これまで、卒業生のサロン開業を20件以上サポートしてきましたが、1人で運営している方も、スタッフを数名雇っている方も、皆さん頑張って経営を続けていらっしゃいます。

読者の皆さんもご存じのように、街を歩けば、道沿いには整体・リラクゼーション店の看板がたくさんあります。私の住む栃木県でも、整体・リラクゼーション店だけで500軒近くあります。治療院も含めると、さらにその軒数は増えます。

整体・リラクゼーション店は、他業種と比べて初期投資があまりかからないということも手伝って、店舗数はますます増える一方ではないかと思います。

私たちは、そんな激戦の中、生き残らなければなりません。

この本を手にしてくださった方はきっと、「誰かの役に立つ仕事がしたい」「やりがいのある仕事がしたい」と志高く手技を習得し、繁盛院をつくるために日々戦っていらっしゃる方だと思います。

でも、なかなか来客数が増えない。「いったい、何がダメなんだろう……」「何が足りないんだろう……」と毎日悩み、「もしかしたら、自分には向いていなかったのかもしれない」と、せっかくの志さえも見失いそうになっているかもしれません。

きっとお店を開業した当初は、きれいな店内で、お客様を迎える準備を整えて、オープンの日から毎日忙しく働く自分を想像していましたよね。1日の売上を予想し、月の売上を楽しみに目算していましたよね。

私もそうでした。正直に言えば、社長になったのですから、ベンツもＢＭＷも手の内にあるような夢を見ていました。

でも、すぐに思ったほどお客様は来てくれない、ということに気づきます。

私の場合、住宅地での開業でしたから、おじいちゃん、おばあちゃんは朝が早いだろうと9時には店を開け、サラリーマンの方は仕事帰りに寄りたいだろうと夜10時までひたすら待っていました。でも、お客様の数はいっこうに増えません。

書店に通って経営本を次々に買い、技術を磨くセミナーにも足を運びました。それでも、やっぱり思ったほど客数が伸びません。


「宣伝しないから来ないのか」と、暇さえあればポスティング。新規客を増やすために、フリーペーパーにも広告を掲載しました。繁盛院に程遠い頃は、数万円の掲載料を出すのも躊躇してしまいます。それでもなけなしの売上金から掲載料をかけ、「これで大丈夫。お客様は来てくれる」と、来店を待ちます。でも、いらっしゃったのは月に数名のお客様。思ったほどの反響は出ませんでした。

店の電話を携帯電話に転送し、予約が入ると走って店に戻り、今日はそのお客様が1人だけ……。そんな不安で押しつぶされそうな毎日でした。

しかし、そんな私が今でも経営を継続できています。しかも、当院のリピート率は80％以上。地域のお客様に愛していただけるようになり、現在は2店舗に増え、9人のスタッフと楽しく働いています。

なぜだと思いますか？

それは「あること」に気がついたからなんです。

◇繁盛院にするために必要なこと

あなたは繁盛院にするために、何が一番必要だと思いますか？

技術力が高いこと、新しい器具が導入されていること、駅が近くて立地がいいこと、看板が目立つこと、きれいな店構えで内装に凝っていること……。

もちろん、どれもあったほうがいいですよね。

でも、私の店は最寄り駅から徒歩20分、繁華街でもありません。「手の技術」がウリでしたので、特別器具の導入もありませんでした。予算もないので、10坪の貸店舗に施術ベッドとテーブルとソファーだけでのスタートでした。

「繁盛院に必要なこと」

あえて私がこの質問に答えるとすれば、今言ったどれでもなく、「**コミュニケーション力**」と答えます。それがお客様との信頼関係を築くために一番大切なことだからです。

技術力については、それで料金をいただくのですから、磨く努力をするのは当たり前のことだと思っています。きっと、皆さんも技術向上の努力は日々していますよね。

そのうえで、繁盛院にしていくためには、お客様からの信頼が不可欠なのです。

ここに気づくまではだいぶ遠回りをしました。思いつくことを一つひとつ実践した結果、徐々に地域のお客様にリピートしていただけるようになったのですが、それはコミュニケーションを大切にした接客ができていたからなんだと思っています。

昨日まで1日1人だったお客様を、いきなり100人にはできないかもしれません。

しかし、私が遠回りしながら得たノウハウを実践していただくことで、先月より今月、今月より来月……と、着実にお客様が増えていきます。

しかも、通っていただける常連のお客様が増えます。さらにうれしいことに、その常連のお客様がご家族やお友達を紹介してくれます。

そうしているうちに、開店のときに想像していたような、店の中でお客様に囲まれ、笑顔で仕事をしている自分がいることに気がつくと思います。

本書ではお客様のニーズを的確に探る方法、そして、そのニーズを叶える方法をお伝えします。それがお客様から信頼されることにつながり、その信頼がリピーターで溢れる繁盛院をつくり出していくのです。

あなたが充実した繁盛院経営を行なうために、まずはできる項目から1つずつ取り組んでいってください。

読者の皆さんが、一歩一歩繁盛院に近づくために、毎日、指名予約で埋まる人気施術者として活躍するために、この本がお役に立てることを心から願っております。

安東久美

『いつもリピーターで予約がいっぱい！　〝地域一番〟繁盛院の接客術』◆目次

4章 指名率がアップする！ 役づくりコミュニケーション

7章 コミュニケーションで信頼獲得できた！リピート成功事例

カバーデザイン　ホリウチミホ（ニクスインク）
本文DTP　マーリンクレイン

1章

繁盛院に必要なコミュニケーション力

1
繁盛院に必要なたった1つのこと

施術者は、技術をもって仕事をする職人と言う方もいらっしゃいますが、来てくださったお客様を満足させるという意味では、接客業です。

チェーン店などではマニュアルがあり、誰もが同じレベルで接客するための行動指針が示されています。ですが、「接客」と一言で言っても幅が広く、お客様を不快にさせない最低限のレベルから、お客様に感動を与えられるレベルまであります。

私の求める接客とは、**お客様が最高の笑顔になって、それを誰かに伝えたくなるもの。**

そのために必要なのが、コミュニケーションなのです。

日頃よく使う「コミュニケーション」という言葉。

調べてみると、コミュニケーションとは「感情や意味を互いに理解し合う能力。感情面に気を配り、意味を分かち合い信頼関係を築く能力」とあります（『コミュニケーション力』、齋藤孝、岩波新書）。

具体的にはどんなことなのか、わかりやすい例をご紹介しましょう。

たとえば、とても腕のいいお医者さんが2人いたとします。腰の痛みがつらくて助けてほしいと思って病院に行くと……。

黙々と患部に触り、説明はパソコンの画面に向かったままのA医師。

一方、「痛いのに頑張って仕事してきたんですね。つらかったでしょう」と言って診察してくれるB医師。

B医師に診てほしいと思うのは、私だけではないでしょう。B医師なら自分のつらさをわかってくれそうですし、話をよく聞いてくれて、自分に合わせた処方してくれそうです。

この「自分ことをわかってくれそう」「自分に何が合うのかを見つけてくれそう」という**信頼感が繁盛院には必要不可欠**です。

安心して心と身体を預けられる施術者は、頼っても大丈夫と信じているからです。この信頼関係を築くために、コミュニケーションを通じて、お客様が何を求めているかをしっかり探ろうとすることが大切なのです。

実は、私は一度もクレームをいただいたことがありません。これは施術者としても、接客業としても自慢のできることだと思っています。

ただ、そのために苦い経験をしたことがあります。

スタッフを初めて雇ってすぐのことでした。そのスタッフが担当したお客様が、「もういいわ！　あなたには触ってほしくない！」と大声を出して帰ってしまったのです。

クレームの経験がなかった私はあまりに驚いて、上手に対応ができませんでした。「どうしたの？」とスタッフに聞いても、「いつもと同じように施術しました」と泣いています。

そのときの私は、技術力が原因でクレームになったと思い、店を閉めてから居残り練習をすることにしました。

また、クレーム発生時、私も別のお客様を施術していて、すぐに代われなかったから余計にお客様を怒らせたんだと思い込み、そのスタッフがお客様を担当するときには時間を

図1 ◈ 施術者とお客様の信頼関係

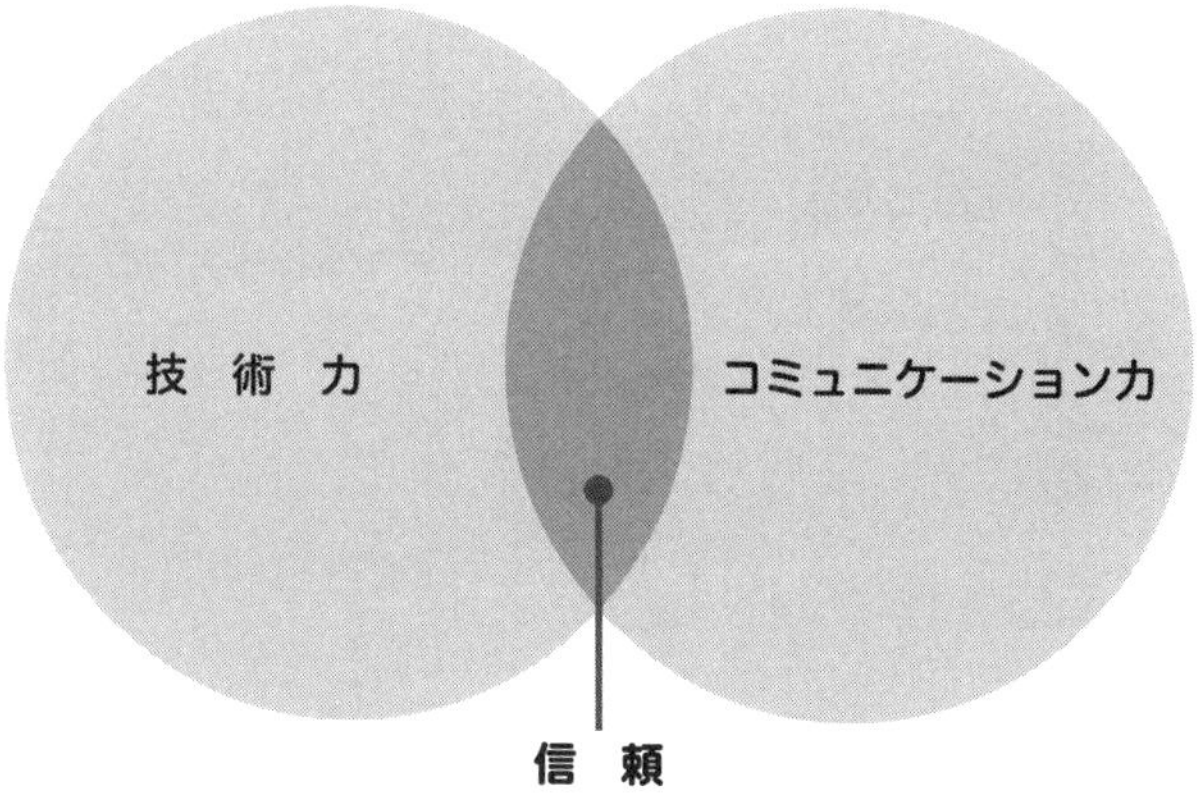

お客様にリピートしていただくためには、
「技術力」も「コミニュケーション力」も両方大事！

空けて見ているようにしました。

今考えると、それではスタッフを雇っている意味がないムダな行動でしたし、そのスタッフにも失礼なことでしたが、とにかくクレームの原因を見つけるまでは1人で施術させられないと思ったのです。

その中で気がついたのは、そのスタッフは、お客様が真剣につらいと話しても、一所懸命痛い場所を教えてくれようとしても、「はあ」と言って笑うのです。

お客様の立場からすれば、話半分で聞いているのかと「イラッ」としますし、バカにされたようにも感じます。すぐさまそれをやめるように言うと、本人はまったく悪気はない様子。「は?」「は!」「はあ～」という具合で、返事をするときは全部「は」と言うこと、緊張をすると笑ってしまうことがクセなのだと言います。

私はそのクセを直すように指導しましたが、なかなか改善されませんでした。結果的に、お客様にもなじめず、後から入って来た新人に指名数や売上の差をつけられて、辞めてしまいました。

クレームは技術が原因になるよりも、コミュニケーションの問題によることのほうが多いのではないかと思うようになったのも、この〝事件〟からです。

今の私ならば、辞めていったそのスタッフに、技術の居残りではなく、接客のノウハウやコミュニケーションの大切さを説いてあげられます。

初めて雇ったスタッフを失ってしまうという苦い経験でしたが、おかげでとても大切なことを知ることができました。

お客様に気を配り、感情を理解し、痛みやつらさを分かち合いたいと、接客を通じてコミュニケーションをとること。ここに信頼関係が生まれ、お客様に「また来たい」という気持ちになっていただけます。

その積み重ねがリピートや紹介を生み、地域に根づく繁盛院につながっていくのです。

HINT

お客様との信頼関係づくりは、コミュニケーション一つひとつの積み重ね。

2

技術No.1を目指すより大切なこと

コミュニケーションが大切とはいっても、技術があってこそでしょう。そう感じている方も多いと思います。

もちろんです。技術は低いより高いほうがいいに決まっています。

私が整体院を開業した頃、「整体」という言葉自体、今ほど認知されておらず、スクールでも、技術は教えてくれても集客や接客の方法までは教えてくれませんでした。

私がお手本としていたのは、新人の頃に働いていた温浴施設内にある施術店のベテラン先生たち。さすがにベテランとあって手技の数が豊富でした。

私も新しい手技をもっと身につけたくて、東京のセミナーにも通いました。今のように動画サイトなんかありませんでしたから、足を運んで見て研究しました。先輩がお客様にアドバイスをするのを見て、知識もまだまだ足りないと、医学の専門書を読み漁りました。

地域で一番の技術者になりたい。どの店よりも技の数を持ちたい。その一心で、「偵察」と称して自分の肩こりをケアしてもらいに行った先で、自分の知らない技術を受けたら、家に帰ってすぐ、夫をモデルにして研究したものです。私の夫は同じ施術者なので、的確な感想を言ってくれます。「こっちに足を動かしたほうが骨盤は動くよね」などと夜中まで試行錯誤して、新しいオリジナル技術を編み出すのが楽しい時期もありました。

こうして技術向上に明け暮れた時期は、確かに新しい技術がどんどん増えて自分が技術者として成長した気分でいました。少ない常連のお客様にも「今日は新しい技術でやってみますね」などと鼻高々でお伝えしていました。

でも、誰よりも技の数が多く、最先端の技術を学んだからといって、お客様の数は増えるわけではありません。これは、私自身の失敗と、これまで何百人もの生徒を指導してきた経験から実感していることです。

もちろん初めは習得の速さやこなし方に差はありますが、努力を重ね、数を踏めば、技術は上達します。しかし、技術習得にはゴールはありません。問題はそこからなのです。

自分の技術を高めることだけが目的になっていませんか？

その先にお客様の顔は浮かびますか？

大切なのは、**お客様一人ひとりにオンリーワンの対応ができる施術者になる**こと。

お客様はオンリーワンの扱いをしてくれる人を信頼し、そこを心開ける場所と認識してくださいます。

このオンリーワンを見つけ出すのに必要なのが、コミュニケーションなのです。

私の院のスタッフの話をひとつの例としてお聞きください。

接骨院で現場経験があり、技術力も高く知識も豊富で申し分ないと思って、1人のスタッフを雇いました。ところが、指名もつかなければリピート率も悪いのです。上司から、どうしたら指名してもらえるか考えろと言われ、技術本を買って練習をしていました。それでも状況は変わりません。

私はそっと施術中のベッドブースを観察してみました。すると、まず笑顔が一度もありませんでした。問診中の会話はマニュアル通りで、声は小さくぼそぼそ話します。施術中はほとんど会話がありません。

ところが仕上げになると、何分も時間をかけ、普通の人は聞き慣れないような筋肉の名称をまじえながら、こうしたほうがいいというアドバイスをしつこいくらいにするのです。また、会計時にも笑顔はなく、お客様と目を合わせることはありませんでした。

私はそのスタッフに、お客様とのコミュニケーションがいかに大切かをことあるごとに伝えましたが、数字を伸ばせないのは技術と知識のせいと思い込んでいる彼には響かず、結局、「もっと他の院の技術を見たい」と言って辞めていきました。

まじめでとても優しい人なのに、コミュニケーションは苦手だからと技術にこだわってしまったことが残念な結果となってしまいました。

それとは逆に、「新人の中でも技術力は中の下」と、自分でも発展途上を自覚していたスタッフ。彼女はデビューしてすぐ、立て続けに指名でのリピートを獲得しました。

そっと観察してみると、お出迎えは満面の笑み。問診ではとても上手に相槌を打ち、お客様の痛いという訴えには「痛いのにお仕事大変でしたね〜」と相手を理解し、楽になったと言われると、「よかったです。私もうれしいです」と分かち合っています。

会計のときもお客様の目をしっかり見て話し、お見送りも手は振らないまでも、そんな気持ちが伝わる笑顔でした。


過度のアドバイスは知識の押し売りとなり、お客様よりも上から目線でものを言っているように聞こえます。

技術がどれほど高くても受け入れられなければ、お客様にとっては下手な人。技術が中の下でも、安心と信頼が築ければうまい人になる、という対照的な実例です。

HINT

技術が高くても、安心・信頼のベースがなければ評価してもらえない。

3 お客様は、どうしてリピートしてくれるのか?

繁盛できずに悩んでいる方たちの多くは、「お客様は、技術を気に入れば必ずリピートしてくださる！」と思いがちです。

もちろん、1回で技術もフィーリングもこの上なくピッタリ合えば、「また来たい」と思っていただけるかもしれません。でも、それはいつでしょうか?

お客様が「また来ます」と言ってお帰りになっても、それが1カ月後なのか、3カ月後なのか、1年後なのか……、いつまた来ていただけるのかは未定です。

私自身も、お客様が「今まで行った中で一番です」「もっと早く先生に会いたかった」と言ってくださり、「また来ます」と帰って行っても、なかなかリピートしてくれずに悩みました。でも、お客様を縛るようなことはできません。もしかしたら他のお店に行ってしまったのかな……と、待つことしかできませんでした。

そんなある日、歯科医院で定期ケアを受けた後、「次はいつ来られますか？」と言われ、手帳を見ながら予約をしている自分の姿がガラスに映りました。そのときの私は、何の疑いもなく、次回診察の予約をするのが当たり前だと思っていたのです。

それは、定期ケアは今日1回で終わりではなく、2回に分けて歯垢を取っていくという計画を医師から聞き、納得していたからでした。

通う理由を納得してもらえれば、定期的に通ってもらえる。

そう考えた私は、特に信頼してくださっているお客様に対して、ひどく張りの強いときに一気に筋肉を動かせば、翌日に筋肉痛やモミ返しが出るかもしれないことを伝え、2回に分けて施術をさせてほしいこと。そのほうがお客様の身体に負担がないこと。私が真剣にお客様の身体を心配していることを伝えたところ、私が歯科医院でしたように、お客様は自分の手帳を取り出し予約を入れてくださいました。

図2 ◆ コミュニケーションがリピートにつながるステップ

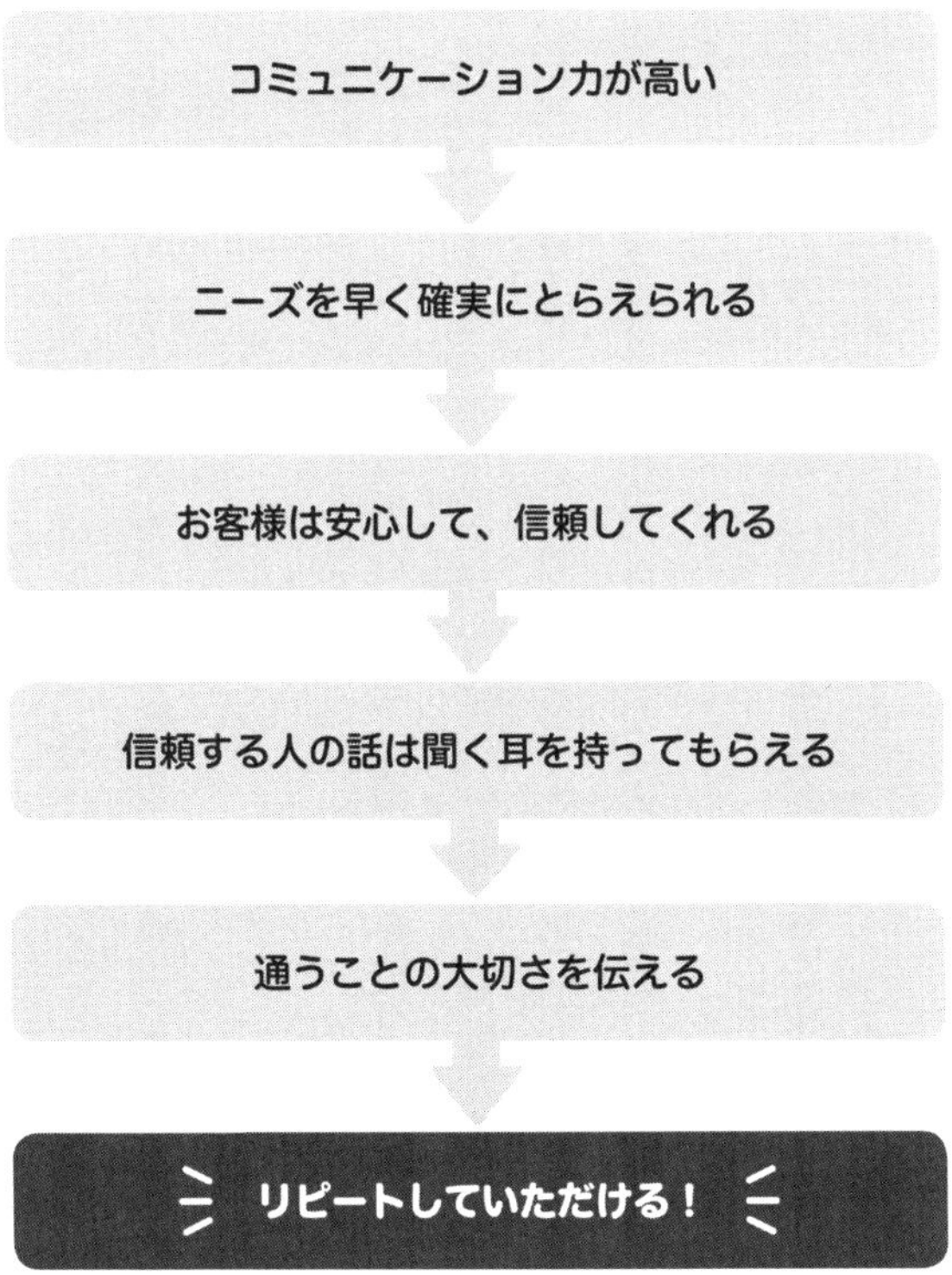
コミュニケーション力が高い
ニーズを早く確実にとらえられる
お客様は安心して、信頼してくれる
信頼する人の話は聞く耳を持ってもらえる
通うことの大切さを伝える
リピートしていただける！

それ以降、初めて整体を受ける新規のお客様には、必ず2回来ていただくように説明をすることにしました。さらに納得していただけるように、整体を受けたときの身体の変化を説明したPOPをつくりました。

それを見ながらお話しするようにしたところ、2回続けて来てくださるお客様が増えたのです。

ここのポイントは、**信頼していただいているから、聞く耳を持っていただける**ということです。

信頼している人の話は受け入れやすい。コミュニケーションによってお客様から信頼していただければ、おすすめする施術方法や、なぜまた来たほうがいいかを説明すれば、ちゃんと通ってくださるのです。

その積み重ねが結果的にリピート率を上げることにつながります。

HINT

「ちゃんと通ってください」と言葉にしてお伝えすることが大事。

4 リピートにつながるコミュニケーションとは？

それでは、リピートをしてもらうためには、どのようにコミュニケーションをとればよいのでしょうか？

お客様の中には、話しかけても無反応。話題を振っても返事がない。そんな方もいらっしゃいます。きっとその方はのんびり黙って施術を受けたいタイプなのでしょう。

でも、施術者側とすればドキドキです。

「あれ？　なんかまずいこと言った？」

「ん？　怒ってる？」

そんな思いかもしれません。すると、思うように言葉にできず、リピートにつなげるどころではないですよね。

また、自分は営業マンではなくて施術者だし、リピートをすすめたりするのは相手に悪い気がする……という人もいます。

施術者は、営業や売り込みが下手な人が多いのです。実際、私がそうでしたから、その気持ちはよくわかります。

今まで月に1回のお客様が月に2回来てくだされば、単純に売上は2倍です。そういうお客様が10人増えれば、20倍となります。

でも、お客様の顔がお金に見えるような仕事はしたくありませんよね。

それでは、このように考えたらどうでしょう。今まで月に一度しか健康管理のお手伝いができなかったのに、2回お手伝いできるようになった。そんなお客様が10人いてくだされば、20倍の信頼をいただけるようになったということです。

家族ぐるみで来てくださっている方はご家族全員との絆ができ、職場の全員が来てくださっている企業様は職場の健康管理のお手伝いができているのです。

私が店を続けている中で、頭の片隅にいつも置いている言葉があります。

「道徳なき経済は犯罪。経済なき道徳は寝言」

これは二宮尊徳の言葉です。私は、繁盛といっても、利益追求だけではだめだと思っています。私たち施術者には、「誰かの役に立つために」という道徳があるはずです。

施術者とは、「施しを与えるための術を持つ者」です。

「施し」という言葉を辞書で調べると、「恵みを与えるもの」とあります。つまり私たちは、つらい人に対して恵みを与えることのできる術を持つ者なんです。

私たち施術者は、技術しか習ってこなかったので、初めから商売のノウハウを持っているわけではありません。

ですから初めは、今日来てくれたお客様には、言われた通りのコースを施術するだけ。そして、「いつかまた来てくれるかな……」と待っているだけ。

でも、よく考えてみてください。

あなたの商売がうまくいかなければ、せっかく誰かの役に立ちたいと思ってはじめたお店も続かなくなってしまいます。

そこで、私はこう思うようにしています。

リピートはお客様のため。

お客様を本気で心配するならば、必ずリピートしてもらう！ と。

具体的に、クロージングのセリフで比較してみましょう。

たとえば、

「今日は筋肉がとても強く張っていましたね。明日がつらくなってはいけないので、表面からほぐさせていただきました。できるだけ間を空けずに来ていただけると、もっと深いところまで触らせていただけますので、またお越しください」

これはよく聞くクロージングのセリフです。

でも、「触らせていただけますので」と言われて「なるほど」とは思っても、「じゃあ、次は○日に来ます」とはなりません。

それでは、こんなセリフならどうでしょう。

「今日は本当にカチカチになっていましたね。ずいぶん我慢していたのではないですか？今日のように力チカチの筋肉を一度に何とかしようとすると、明日がつらくなってしまうんです。今日は表面から半分のところまではしっかりゆるめられましたよ。あと半分の深いところは今週中に続けてやらせていただけると、その後、楽な身体が続きます。今週のご予定は、何曜日でしたら大丈夫ですか？」

ここまで説明できれば、ほぼ予約につながります。

この説明が押しつけのように感じられるうちは、お客様が来るのをただ待つことになります。

あなたが「お客様が楽になるために、必ずもう一度施術を受けてほしい」と本気で思っているならば、それをお客様に伝えてください。本気で話す言葉はちゃんと伝わります。

リピートはお客様のため。

こう思うと、心がラクになりませんか？

本書では、そんな営業や接客が苦手な方にこそ読んでいただきたい、コミュニケーションのちょっとしたコツをお教えします。

私が14年以上もの間、失敗をくり返しながら行なってきた、お客様とのコミュニケーションから得たノウハウです。

あなたには、余計な遠回りなどせず、地域から愛される院・サロンを目指していただきたいと思っています。次章から順に、ご紹介していきます！

HINT

リピートは、お客様のため！

2章

実践！　場面別コミュニケーション

1 お客様が来店しやすくなる「電話応対」

施術院やサロンで、お客様とのコミュニケーションが必要な場面って、どんなときでしょうか？

ご予約時、お迎え時、施術時、お見送りのとき……。実にさまざまな場面でお客様とコミュニケーションをとっています。

その一場面一場面の積み重ねが、お客様のリピートやクチコミを生み出していきます。

2章では、お客様のご来院から、次回来院までの流れにそって、具体的な接客の方法をご紹介していきます。

まずは、電話応対から。

施術院でのファーストコンタクトは多くの場合、お電話での問い合わせやご予約になりますね。印象の70％は第一印象で決まると言われますが、ファーストコンタクトの電話応対は「いい店そうでよかった」と感じていただくための大切なコミュニケーションです。

電話は、顔や姿が見えない分、会っているときの3倍の気配りをするようにしましょう。

あなたは、初めて電話をくださるお客様の気持ちを想像したことがありますか？

きっと、**「つらくて何とかしてほしい！　でも、初めてのお店は不安……」**だと思います。

施術者の私も、自分のケアのために行くお店では同じ気持ちになりますから、こういった店に慣れないお客様はなおさらです。

そんな気持ちでかけた電話の向こうから、何だか暗くて聞き取りづらかったり、ぶっきらぼうな返事をされたら、行きたくないと思うでしょう。たとえ来店したとしても、不信感からのスタートです。

いい印象で来店していただければ、プラスの状態からのスタートですから、さらにプラスが加算されやすくなります。しかし、マイナスの印象でご来店いただくのではマイナスからのスタートですから、一度0に戻さなければなりません。

結果的にどちらがリピートにつながるかは、もちろんプラスが大きいほうに決まっています。

そのことから、受付の電話は、店の名前を背負って、店の代表として出ているのだという意識で応対したいものです。

それでは、実践の会話を見てみましょう。

◇予約電話は「緊急搬送受け入れ」と心得る

お客様からのお電話は、「今日、何とかしてほしい」という内容が多いものです。「**今つらいから、今何とかしてほしい**」。これがお客様心理です。

でも、気圧や気温の影響や、祝日など、同じ日の同じ時間帯が混んでしまうことはよくあります。そんなときは、ご希望通りに予約が入れられません。

ですが、電話の向こうのお客様にとっては、時間とお金を使ってでも何とかしてほしいという緊急事態です。時間をずらせば入っていただけるかもしれない。担当者を変えれば入っていただけるかもしれない。コースを変更してもらえば入っていただけるかもしれない……。ありとあらゆる方法を考えてご提案しましょう。
もしそれでも当日の予約がいっぱいになってしまったときは、以下のような対応をおすすめします。実際の会話だと、こんな感じです。

店「お電話ありがとうございます。ボディケアステーション安東です」
➡一番初めに聞こえる声ですから、はっきり元気よくが基本です。お客様のお名前も聞くのですから、受けた自分の名前も名乗りましょう。
客「予約をしたいのですが」
店「ご予約ですね。ありがとうございます。ご希望の日にちはお決まりですか？」
➡ご予約をいただいたことに、まずはお礼を言います。それから用件に入ります。
客「今日は空いていますか？」
店「せっかくお電話いただいたのに、たいへん混んでおり、本日のご予約がおとりできなくて本当に申し訳ございません。明日の○時でしたらお入りいただけますが、いかがですか」
➡別の日をおすすめします。

店「明日までお待ちいただく間、ゆっくり肩甲骨を動かすような運動をしてみてください」

➡ご予約までの時間、我慢をしていただくのですから、その間できる応急処置をお伝えします。

今のつらさを何とかしてあげたい！　その一念で話す言葉はお客様にも伝わり、こちらの誘導に合わせて時間をつくってくださいます。

たとえ今回の都合が合わずに予約が入らなくても、「ここに電話をしてよかった」と感じていただけるはずです。

◇優しい印象を心がける

電話で話をするときは顔が見えませんから、笑顔かどうかは見えません。でも、**電話の相手が笑顔かどうかは「聞こえ」ます**。口角を上げた笑顔のときの話し方と、への字口での話し方とでは、印象がまったく違います。

お礼を言うときは、うれしい気持ちで頭を下げます。ご指名をいただいたときは「ご指名ありがとうございます！」と、目の前に相手の方が本当にいるかのように、感情を込めて話します。

お詫びをするときは、申し訳ないと心から思って頭を下げます。

おすすめは、電話の前に小さな鏡を置くことです。何か嫌なことがあって気分がよくないとき、たまたま電話が鳴ったとします。気持ちがそのままですから、どれだけつくろっても顔は無愛想。もちろん声も無愛想です。

別に嫌な気分のときでなくても、鏡に映る自分の顔をふと見ると、真顔で仏頂面、とても接客中とは思えない顔で話をしていることがあります。それに気がつくためにも、電話の前に鏡を置いて、いつも笑顔で電話に出るようにしてください。

また、「発声」にも注意が必要です。私は普段から柔らかく聞こえるように、語尾に気をつけて話をするようにしています。

「本日はご予約が埋まってしまいました」⇩「本日はご予約が埋まってしまったんです～」

文字ではなかなか伝わりませんが、「本日はご予約が埋まってしまったんです」という一言の中にも、ご予約をおとりできなくて本当にごめんなさい、という感情を込めて伝えるようにします。顔文字で表わすならば、「です～（T_T）」という感じです。

「大丈夫ですよ」⇩「はい。大丈夫です」

「○○ですよ」の「よ」は、発言するほうの立場が上に聞こえるときがあります。ですから、できるだけ「よ」で終わる話し方をしないように気をつけています。

また、私が住む栃木県では語尾が下がるイントネーションで話をするので、早口で話すとキツい印象だと言われることがあります。なので、語尾はやんわり上げ調子で、ゆっくりとしたリズムで話すように意識しています。

◇**初めてのお客様ほど、話をよく聞く**

バタバタと忙しいときにかかってくる電話。今担当をしているお客様への手を止めなければならず、焦ってしまいますよね。

電話応対では、お客様に聞かなければならないことがたくさんありますし、混む時間帯などは次のお電話のことを考えて、つい手短に決定していただきたくなります。

すると、淡々と早口で、「コース」「時間」「名前」などを順番に聞いてしまいがちです。
本来、初めてのお客様からのお問い合わせはとても大切なはずなのに、面倒だと感じながら対応していれば、それがお客様に伝わってしまいます。

特に初めてのお客様は、どんなコースやサービスがあるのかもわかりません。ですから、まず「今日のお身体のご様子はどんな感じですか？」とお尋ねし、その方に合ったコースやサービスへ誘導しましょう。

客「今朝起きるときに腰が痛くて、このままじゃぎっくり腰になりそうだから、今のうちに何とかしようと思って」
店「今朝、腰がおつらかったのですね。朝から痛くて憂鬱でしたね。今はどうですか？」

➡「憂鬱でしたね」と、まずはお客様の気持ちに共感します。

客「今はだいぶいいんだけど」
店「動いたら痛みが遠のいたのですね。腰ですと痛みの原因が広範囲なことが多いので、一度全身をほぐしていただくといいと思います。初めての方は他のこりなどもしっかり見させていただいて、一度本当の身体の軽さを体感していただいています」

➡プロとしての知識や経験、お客様が施術で得られるメリットをお伝えします。

このように、共感やプロとしての意見、相手のメリットをお伝えすると、ほとんどの場合、こちらの誘導を受け入れていただけます。そのために、お客様の話をしっかり聞くことが必要なのです。

また、初めての方はどんなコースやサービスを選んだらいいのかわからず、不安も手伝って短い時間のコースや、安価なサービスを選択しがちです。

私は、短い時間では部分的な施術になってしまい、お客様の満足度も半減してしまうこともあるので、全身の施術へ誘導するようにしています。

店「本日ですね。はい、空いております。コースはどうなさいますか？」

客「初めてなのでわからないのですが……」

店「初めてのご来店なのですね。ありがとうございます。本日のお身体はどんなご様子ですか？」

➡たくさんあるお店の中から選んでいただいたことにまずお礼を言います。そしてお客様のニーズを聞き取ります。

客「朝から肩がこって頭が重いんです」

店「そうなんですね。朝から肩がこって頭が重いのですね。それはおつらいですね。他に気になるところはありますか？」

客「冷え性で足が冷たいのが気になります」

店「足が冷えてしまうのですね。足が冷えると身体中が固くなる感じがしますよね。それでしたら、初めてということですし、おつらい肩と頭を中心に、全身の血行を促進して冷えの対策もしてみてはいかがでしょうか？ 60分の全身コースがおすすめです」

このように、**①つらさへの共感、②プロとしての知識、③相手のメリット**をお伝えすることで、満足していただけるコースやサービスに誘導していけば、お店側にとってはお1人の単価も上がりますし、何よりお客様にとってはニーズが叶うことになります。

◇2回目以降のお客様は、距離感を徐々に縮めていく

お客様とのコミュニケーションでは、「パーソナルスペース」が大切です。

パーソナルスペースとは、コミュニケーションをとる相手が、自分に近づくことを許せる範囲のことをいいます。

私は、このスペースを守りながら徐々に距離を縮めていくことで、信頼関係を築くための「足場」をつくることができると考えています（パーソナルスペースについては、5章4項でくわしく説明してします）。

電話応対の場合には、お客様とのパーソナルスペースを縮めてもらえる言葉を選びます。

初めてご来店されるお客様、2回目のお客様、3回目、5回目、10回目……と、ご来店していただくたびにスペースを小さく感じる会話にしていきます。

たとえば、2回目のお客様でしたら、こんな感じです。

店「こちらは初めてですか？」

客「いいえ二度目です」

店「そうでしたか、大変失礼しました。またお電話をいただけて、うれしいです」
➡**「うれしい」という気持ちを伝えることで、少し距離が縮まります。**

5回目以上になると、お客様も「自分はこの店の常連」という意識になってくれています。こちらもこの回数になると、名前を伺っただけで顔が浮かぶようになります。

客「○○ですが、今日は入れますか？」
➡**こちらがお名前を伺う前に、自ら名乗ってくださることが多いです。**
店「あ！ ○○さん、こんにちは。腰の調子はどうですか？」
「わあ、○○さん！ いつもありがとうございます」
「○○さん、お久しぶりです！」
➡**「お電話してくださってうれしい！」の「！」を、声で表わすのがコツです。**

初めてのお客様と常連のお客様とでは、距離感が絶対的に違います。初めてのお客様には初めてのお客様用の、常連のお客様には常連のお客様用の話し方が必要なのです。

◇電話を切る前に付け加える思いやりの言葉

ご予約の受付が済んだら、「お待ちしております。お気をつけてお越しください」とお声をかけるのは当たり前のことですが、ここでもう一言が付け加えられると、電話でのコミュニケーションがうまくとれていると言っていいでしょう。


「お待ちしております。外は雲行きが怪しくなってきましたので、お気をつけてお越しください」

「お待ちしております。日差しが強い時間なので、紫外線にはお気をつけてお越しください」

「お待ちしております。雨が降っておりますので、どうぞお車の運転、お気をつけてお越しください」


このような一言があるかないかでは、印象が大きく異なります。

また、常連のお客様でしたら、

「お待ちしております。今日も○○さんにお会いできるのを楽しみにしていますね。お気をつけてお越しください」

「今日も○○さんの固くなった腰に負けないように、気合いを入れてお待ちしていますね。お気をつけてお越しください」


など、親近感のある会話にしてもよいかもしれません。「行きやすい店」「居心地のいい店」という印象を持っていただけます。

ただし、あくまでもお客様の立場が上だという意識を忘れずに。

「お待ちしてますね～。雨が降っていますから、運転は十分に気をつけてくださいよ」などと、なれなれしい印象を持たれないように注意しましょう。ちょっとの違いですが、電話は顔が見えない分、言葉尻やささいな抑揚への気遣いが大切です。

HINT
顔が見えない分、伝えようとする気持ちが大事！

2
好印象を決定づける「受付」

店にお客様を迎える受付の場面は、第一印象を決定づける大事な瞬間です。ここで私が一番に大切にしていることは笑顔です。来てくださるお客様とお顔を合わせるときは、大好きな人にやっと会えるときのような気持ちでお迎えしています。

笑顔は、それだけで癒してあげられる最初の施術だと思っています。お客様は不調があってご来院されます。そんなつらい思いでいらっしゃるお客様を出迎える自分の顔が、どんな表情をしているのか、知っておくのは重要なポイントです。

自分の表情は、自分では見えません。自分では笑顔のつもりでも、意外と口角が上がっていない、なんてことはよくあることです。先ほど述べたように、鏡で常に自分の笑顔をチェックする習慣をおすすめします。

特に、初めて行くお店は、お客様にとっては賭けみたいなものです。不安感でいっぱいのお客様は身構え、緊張しています。

このとき、お客様の身体は筋肉も緊張し、心拍数も上がっているかもしれません。そんな状態で施術をしても、効果は半減してしまいます。早い段階で安心してもらい、「この人なら身体を預けても大丈夫」という状態をつくらなければなりません。

私はベッドに寝ていただくまでに、できるだけ緊張がほぐれるようにお声をかけるようにしています。

満面の笑みで目を見ながら、

「先にお手洗いに行かれますか？（ニコ！）」

「お部屋寒くないですか（ニコ！）」

安心した身体はそれだけで筋肉もゆるみ、こちらの施術を万全の体勢で受け入れてくれる準備が整います。つまり、**施術効果も上がる**ということです。

感情は、体感と連動しています。

同じくらいの技術力があっても、お客様が安心・信頼できる施術者が施す技術は高いと感じ、逆にそっけなく、威圧感を感じる施術者が施す技術は低いと感じているとしたら、自分はどんな態度で施術をしているか、気になりませんか?

たとえば、あなたの隣に、優しそうな笑顔で自分の話を親身になって聞いてくれる人がいたとします。その反対側には、そっけない顔つきの人がいて、話しかけてもネガティブな返事しかしてくれません。

もし、どちらか1人を選べと言われたら、どちらの人と手をつなぎますか?

この人いい人だな、と感じる人には安心して触ることができますね。

お客様も同じです。安心して身体を預けられる人は、技術も上手だと感じてもらいやすくなります。

だからこそ、施術前のコミュニケーションで、まずお客様に安心・信頼していただくことが大事なのです。

コミュニケーションが必要なのは施術時だけではありません。私は最初、60分5000円コースのお客様は、60分の間に受ける技術だけで店のことを判断しているのだと思っていました。でも、お客様は60分の技術だけで、その高さ・低さを決めているわけではないのです。

◇扉を開けてお出迎えする

先ほども述べたように、お客様が到着して受付をするときは、店に対する第一印象が決まるとき。入口からお客様の姿が見えたとき、車が駐車場に入ったときから、気持ちをお客様に向け、最高の笑顔でお迎えしましょう。

お客様は、店の窓からこちらが見えているかもしれません。入口を入ったときからではなく、**予約をしたときから受付ははじまっています**。

よほど混み合っていない限り、ご予約の時間前には入口に立つことができますね。お客様の姿が見えたら、こちらから入口の扉を開けましょう。

初めてのお客様なら、

「○○様ですか？　お待ちしておりました。今日はようこそお越しくださいました」

常連のお客様なら、

「○○さん、いらっしゃいませ。またお会いできてうれしいです！　電車、混んでいませんでしたか？」

どんなお客様でも、自分が来ることを心待ちにしてもらえていると思うと、うれしく感じてくださるはずです。もちろん、お客様が来店してくださると思うと、こちらもモチベーションが上がります。

毎回、お互いがこのような気持ちで会うことができたら、そこからの時間はさらに充実したものになりますね。

◇雨の日は傘とタオルを用意する

雨が降り出したら、受付カウンターにタオルと傘を用意します。

お客様の中には杖をついている方や、走ることができない方がいらっしゃいます。そういう方の場合は、お客様の姿が見えたら、傘を持って車までお迎えに行きます。それ以外の方は、タオルを持ってドアの前で待ちます。

ここで全員を、傘を持って迎えに行かないのには理由があります。**よかれと思ってする行為も、やりすぎれば相手に気を遣わせてしまいます**。大切なコミュニケーションのひとつのポイントです。

お客様が入口の扉を開けたら、タオルをお渡ししながら、このようにお迎えしましょう。

> 「雨の中（お足元の悪い中）お越しくださいまして、ありがとうございます。どうぞタオルをお使いください」

また、革靴でお越しのお客様の場合、お着替え中やトイレに行っているときなど、タイ

図3 ◆ ベッドブースのカゴに入れるご挨拶カード

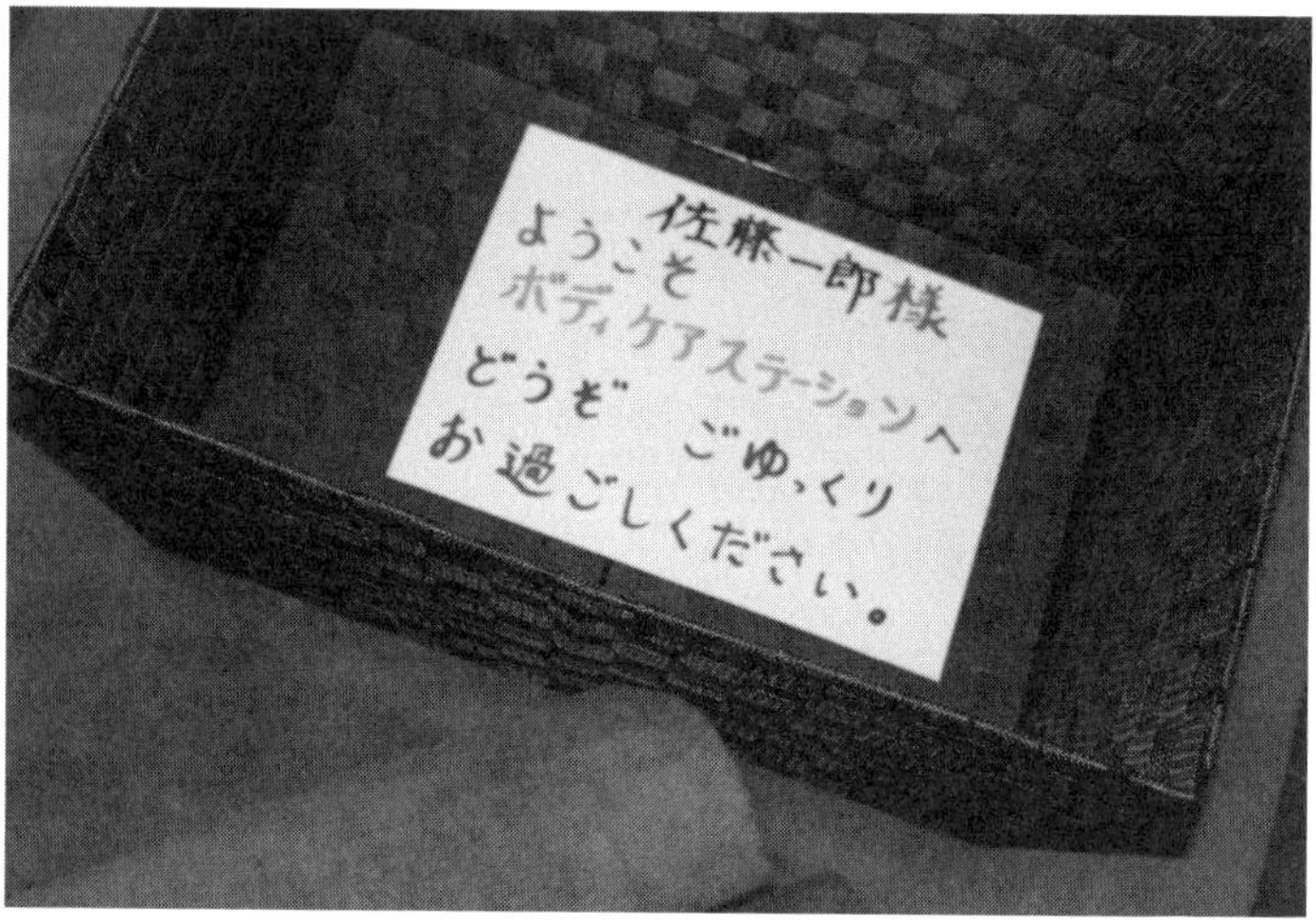

ミングを見て靴を磨いておくのも手です。これも気づかれないようにすることがポイントです。これ見よがしに靴を磨いていては、やはり気を使わせてしまいますから。

◇ベッドブースの荷物入れにご挨拶カードを入れる

当店のベッドブースには、お客様の荷物を入れる大きなカゴがあります。このカゴは必ず施術前にお客様が使うものなので、初めてのお客様には、ここにご挨拶カードを置くようにしています。

「○○様
ボディケアステーションへようこそ。ど

「うぞごゆっくりおくつろぎください」

Ａ４サイズの紙にご予約のお名前やメッセージをマジックで大きく書いて、お通しするベッドブースのカゴにセットしておきます。

このお迎えのご挨拶を伝えるカードは、とても喜んでいただいています。お誕生日が近い常連のお客様にお祝いメッセージを書いて入れることもあります。

◇今日の気持ちよさを思い出していただける名刺とメッセージカード

どんな人が自分の身体を触るのだろう、と初めての店では、誰でも不安になります。先ほど述べたように、不安なまま施術に入ってしまうと効果が半減してしまうため、横になる前にご挨拶をして、心をほぐしていただきます。

ベッドブースに誘導したら、

「本日担当させていただきます安東です。よろしくお願いします。

図4 ◈ メッセージカードと名刺

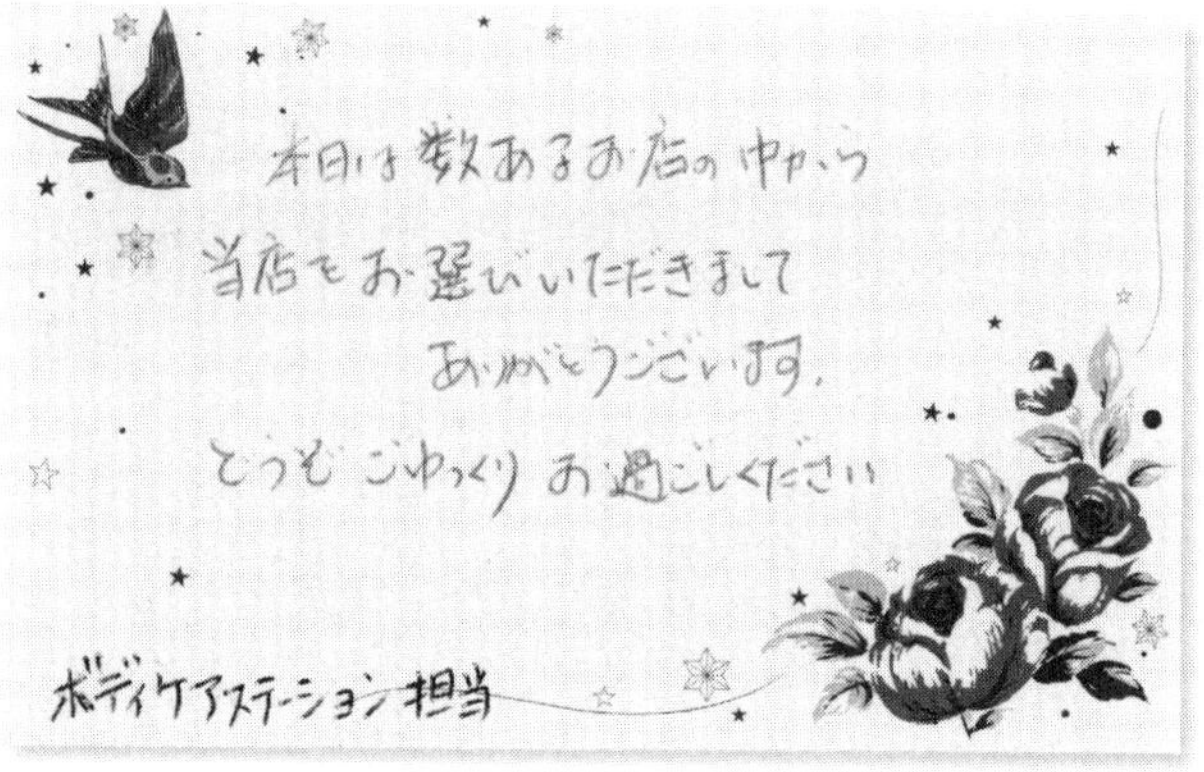

まず、少しお話をお聞きしたいのでお座りください」

と、その斜め45度の角度に１ｍほど距離をとって片膝をつき、名刺を差し出します。この角度と距離が、初めてのお客様に遠すぎず近すぎず、ちょうどよい距離感です。

私はこのとき、名刺と一緒にメッセージカードをお渡ししています。

「○○様。本日はたくさんあるお店の中から当店をお選びいただきましてありがとうございます。一所懸命、お身体ケアのお手伝いをさせていただきます。どうぞゆっくりなさってください」

口頭でも同様のことを直接お伝えしますが、お客様がここにいる時間というのは生活のほんの一瞬です。お金を払って帰るときには、もう次の生活がはじまっています。会社のこと、家事のこと……。日常の忙しさに紛れて店での気持ちよさを忘れてしまいます。

でも、家でこのカードを目にしていただけたら、きっとここでの気持ちよさを思い出していただけます。そんな期待を込めて、手書きで用意しています。

HINT

お客様とのコミュニケーションは、来店前からはじまっている！

3

お客様のニーズを逃さない「問診」

施術は、お客様のニーズをしっかり叶えなければご満足いただけません。そのためには聞き取りが大切です。

そこで、私は「**質問票**」に記入していただくようにしています。そして、この質問票をもとにお話をお聞きしています。

施術前にお聞きしたい項目や、施術中にお聞きしたい項目も質問票にご記入いただくと、コミュニケーションの目安になります。

以下に、7つの質問例を挙げます。参考にしてみてください。

「今日はどこがつらいですか？」

これがわからなければ、どこを触ったらいいのかわかりませんので、基本の質問ですね。

「そこがつらいことでどんなことが困りますか？」

肩ひとつとっても、つらさの違いはお客様の数だけあります。首に近い部分、肩甲骨など部分的な場所を聞くことはもちろんですが、それだけでは不十分です。

「腕を前に出すときが痛い」「服に袖を通すときが痛い」「前かがみがつらい」「包丁を持つときが痛い」など、「そのつらさが原因で困ること」を聞いておくと、生活の不具合が見えて、言葉にならない深いニーズを探る目安になります。

「つらいことが解消したらどんないいことがありますか？」

施術を受けることでのメリットを考えていただく項目です。私たちは肩が楽になるとか、腰の張りが改善できるなど、肉体的なメリットはお伝えできます。しかし、そのことでお客様がお帰りになってからの、生活の中でのメリットまではわかりません。

そこで、施術を受けて身体が改善すると自分の生活の中でどんなメリットがあるのかを、施術者とお客様との共通の認識とします。あらかじめ認識しておいていただくと、生活のその場面に出くわしたときに、改善したことを自覚してもらいやすくます。

「つらいことがなくなったら、何かしたいことはありますか?」

これは期待を持って施術を受けていただくための項目です。「ゴルフがまたできるようになりたい」「孫を抱っこして高い高いしてあげたい」など、身体のつらさが原因でできずにいたことが、ここに来ることでできるようになる、という意識で施術を受けていただくのです。

そうすると、その可能性に意識がいき、何も考えずに施術を受けるより、店に通うことが楽しみになります。

「普段健康のためにしていることはありますか?」

お客様の中には、健康意識の高い方とそうでない方がいます。健康意識の高い方は、施術を受けるとなぜいいのかを伝えると理解していただけます。ところが、そうでない方はいよいよつらくならないと、自分の身体に時間とお金をかけようという意識そのものが薄いのです。

普段から健康に気を使っている方、またそうでない方を見極めるためにも、よい質問でです。気を使っていない方にも徐々に自分の身体に興味を持っていただけるように、誘導していきましょう（その方法については、次項でくわしく説明します）。


「サプリメントは何か使っていますか？」


サプリメント飲んでいる方は健康意識の高い方です。ぜひ、あなたのお店で施術を受ける意味を伝えてみてください。

たとえば、私は血行についてお話しするようにしています。施術を受けると全身の血行が促進されます。血液の循環がよくなるということは、身体の隅々まで酸素や栄養素を運べるようになるということです。

どれだけ高級なサプリメントを飲んでも、それを運んでいるのは血液です。せっかく健康のために高いお金をかけるのなら、血液に運んでもらう必要があるので、サプリメント代の半分くらいは、血行を促すほうへかけてほしい、とお伝えします。

するとお客様は、「定期的に通わないとダメだね。毎日運動ができない自分には、ここ

図5 ◆ 7つの質問を盛り込んだ質問票の例

質問票

年　月　日

氏名	フリガナ 男・女	生年月日 大・昭・平　年　月　日生（　歳）	
住所（〒　　）			
電話		職業	
メール			
紹介者	殿	ご来店のきっかけ	ホームページ・看板・チラシ Hotpepper・その他（　　）

現在のお体の様子をお聞かせください（思い当たる項目に○をつけてください）。

1 頭が重い	9 頭が痛い	17 便秘する	24 血圧が高い
2 眼精疲労	10 歯が痛い	18 下痢する	25 血圧が低い
3 首のコリ	11 首が痛い	19 眠れない	26 通院中
4 肩のコリ	12 肩が上がらない	20 食欲がない	27 常備薬がある
5 背中の張り	13 背中が痛い	21 めまいがする	※女性にお聞きします。
6 腰の張り	14 腰が痛い	22 冷え症	1 生理中（　日目）
7 足のだるさ	15 足が痛い	23 胃が痛い	2 妊娠中、可能性がある
8 足のむくみ	16 足がしびれる	24 疲れやすい	3 授乳中

●今日はどこがつらいですか？
（　　）

●そこがつらいことでどんなことが困りますか？
（　　）

●つらいことが解消したらどんないいことがありますか？
（　　）

●つらいことがなくなったら何かしたいことはありますか？
（　　）

●普段健康のためにしていることはありますか？
（　　）

●サプリメントは何か使っていますか？
（　　）

●健康のために使ってもよい料金はどれくらいですか？
（　　）

がその代わりになることを毎回実感する」と通い続ける意味を理解してくれます。

私の院にも、そうして10年以上定期的に通ってくださっているお客様がたくさんいらっしゃいます。

「健康のために使ってもよい料金はどれくらいですか？」

この質問は少々ハードルが高いかもしれません。ただ、健康意識の高い方には、ここまで突っ込んで聞くことで、ここに通うときの金銭的イメージを持ってもらいやすいのも確かです。店に通う予算のイメージがつけば、サプリメントを定期的に購入するように、月に一度は必ず来店する習慣にしようと思ってもらえます。

初回からなかなかここまでは……と思う方は、お客様に何度か来ていただいたときに聞いてみるとよいかもしれません。

◇「つらいから行く」と「つらくならないために行く」の違いを説明する

施術院は、つらくなったら行くところ。あなた自身もそう思っていませんか？

たとえば、動けないほどの激痛を伴う場合、施術院ではその痛さをすぐに何とかできるものではありません。そこまで重症の場合は医師の領域だと考えます。
それでは、お客様にはどんなときに来てほしいですか？

施術院に行くときは、頭が何となく重い。肩がこって何だか苦しい。腰が張って、またあの痛みがきそうな気がする……。医者に行くほどではないけど、**「何だか〇〇」**。そんなときが多いと思います。

人によってつらさの感じ方も違い、なかなか「こうなったら来てください」という判断が難しいですが、私は**「寝込むほどつらくなる前に」「すごく頑張った後に」「身体が突っ張るなと感じたら」**と言うようにしています。

そして、血行がいいことが健康につながるので、本当はつらくならなくても定期的に来ていただくほうがお身体のためなんですよ、と最後に付け加えています。

「お風呂に入ると垢が出るでしょう。皮膚の新陳代謝は垢が出るからわかりやすいですけど、身体の中では筋肉や骨も新陳代謝をしていているので、垢と同じように老廃物が出ているんです。それを回収して回っているのが血液。

だとしたら、身体の隅々まで流れのいい血行を保つことが健康につながるのもわかりますよね」

健康に興味のある方には、ここまでお話ししています。

質問票に書かれたこと全部を施術前にお話しするのではなく、施術中やお帰りまでにお聞きして、「なぜお聞きしたか」をお伝えできればいいと思います。質問もしつこいと敬遠されてしまいますから、「少しずつ」がコツです。

問診でお客様のニーズをしっかり聞き取ったら、次は施術時のコミュニケーションとなりますが、これについては次章でくわしく説明します。

HINT

言葉にならないニーズまでしっかり探ろう。

4 お客様と目標を共有する「クロージング」

クロージングとは、次のリピートに誘導するための方法です。これができるかできないかで、リピート率が格段に変わってきます。

施術が終わると、「お疲れ様でした」「○○円です」「またお待ちしております」。あなたはこれを言い続けていませんか？　もしそうだとしたら、お客様はリピートしてくれないかもしれません。

私も初めは愛想よく、これを言い続けていました。当たり前の接客ですし、よくないことなど何ひとつ言っていません。

お客様も「また来ます」と言ってくださいます。なかには大絶賛してくださって、またすぐにでも来てくださる勢いの方もいます。でも、そんなお客様でさえも、なかなか通ってはいただけません。

もちろん、そのときはお客様も気持ちよくなって、「また来ます」と言ったことも嘘ではないと思います。なのに、来ていただけない。半年経ってこちらが忘れた頃にやって来ることはあっても、毎月通っていただくのはなかなか難しいことです。

私自身、施術を受けることが大好きで、他店によく行きます。すごくコミュニケーション力があって技術もいいと、「また来たい」とそのときは思います。私がいつもお客様に言うのと同じように、「間を空けずに少し通ってみてください」とも言われます。

でも、院から出た瞬間、仕事のことや、帰りに寄る予定の場所のことなどが頭に浮かび、いつの間にか日常の忙しさに紛れてしまいます。

そう、お客様にとってお店での出来事は日常ではないのです。多くの場合、続けて来ていただけないのは、「**お客様は忘れてしまう**」からです。

ならば、「また来たい」というその気持ちを持ち続けてもらえばいいのです。このことに気がついてから、私は**お客様と目標を共有する**ことにしました。

◇1回目、2回目、3回目の目標を一緒につくる

問診のときに、「つらいことがなくなったら、何かしたことはありますか?」という質問をしましたね。その答えが「ゴルフがまたできるようになりたい」というように明確な目標があると答えてくださったお客様には、

「では、今回は今のお身体のご様子を確かめさせていただくためと、筋肉を押されることに慣れていただくために全身を触らせていただきますね」

そう言ってスタートします。

固くなった筋肉や脂肪は少し動かされても痛いと感じます。痛いと感じたまま長い時間施術を受けると、ストレスになって施術上がりが疲れてしまいます。ですから、「今回は慣れていただく回です」と宣言するのです。

「気持ちがいい」と感じていただけたら、心と身体がリラックスしているということですから、ここで2回目、3回目の目標を伝えます。

「今日、ある程度表面の固さはとれると思います。全身のご様子もわかるので、次回はつらさの改善に集中していきましょう。
それができたら、改善した身体が長持ちして、楽しくゴルフができるように、ストレッチなどのご自分でできるケアを覚えていきましょう」

そんな話を施術中に伝えます。このことがクロージングのときに通う意識を明確に持っていただくきっかけになります。

クロージングは、実は施術が終わる前にほとんど終了しています。問診や施術中に、種をしっかり蒔いておくからこそ、次回予約をとって帰っていただけるのです。

施術が終わってからいきなり「次のご予約は？」と言われても、お客様は今すでに気持ちがいいからもういいや、となってしまいます。

ただ何となく世間話をしているようでも、会話の中で「同じ目標を一緒に持つ」ことに誘導していけると、お客様とのつながりも強くなっていきます。

◇毎回ひとつ宿題をつくってさしあげる

通う目標の確認ができたら、私は最後にひとつ宿題を出すことにしています。

これは、次回の施術効果を上げるのはもちろんですが、ここに来るということを忘れてしまわないためでもあります。

いろいろ試しましたが、より具体的なほうが長続きするようです。たとえば、

「おうちでストレッチをしてくださいね」

⇩

「今からやるストレッチだけでいいですから、朝起き上がる前と、夜布団に入ってすぐ5回やってきてください」

このような言い方にしてからは、お客様がきちんと宿題をやってきてくださるようになり、通い続けていただけるようになりました。

ポイントは、**宿題はひとつに絞って、より具体的に！**　です。

◇メリットもデメリットも伝える

リピートをすすめるにあたって、あなたはそのメリットとデメリットを説明できますか？

施術内容によっていろいろあると思いますが、私の考えるリピートのメリットは、

- **一度の施術で全身の老廃物を出すには限界があるが、数回に分けることでしっかり排泄を促せる**
- **短い時間で深層筋までのアプローチを無理にすると筋繊維に傷がつきやすく、痛みの原因になるが、それを防げる**
- **血行促進を習慣化することで健康な身体づくりができる**
- **一度より二度お会いすることで親近感が深まり、安心できる場所になる**

リピートしないデメリットは、

- **また痛むまで放ってしまうことで、ほぐれにくい筋肉をつくってしまう**
- **楽な身体でいる継続時間が短くなる**
- **生活習慣の改善ができない**
- **いつも久しぶりの相手だから安心できない**

このように紙に書き出してみると、あなたもお店に通うメリット、通わないデメリットがいくつか見つかるはずです。

ここで大切なのが、それを本気であなた自身が納得しているかどうかです。

たとえば、例として挙げた「血行促進を習慣化できる」というメリットひとつとっても、なぜ血行促進を習慣にするといいのかを自分やスタッフが納得していなければ、お客様への説明がぼやけてしまうのは当然です。

自信のない説明は、相手にも伝わりません。

私は、このメリット・デメリットをスタッフ全員の共通意識とするために、ＰＯＰにして店内に貼りつけています。お客様にチラシとして配ってもいいでしょう。

あなたは、自分の店に通うことのメリットを、自分自身が納得のいく説明でお伝えできますか？　これができると、リピートを促す言葉にも説得力が出てきます。

図6 ◆ メリットを伝える店内POP

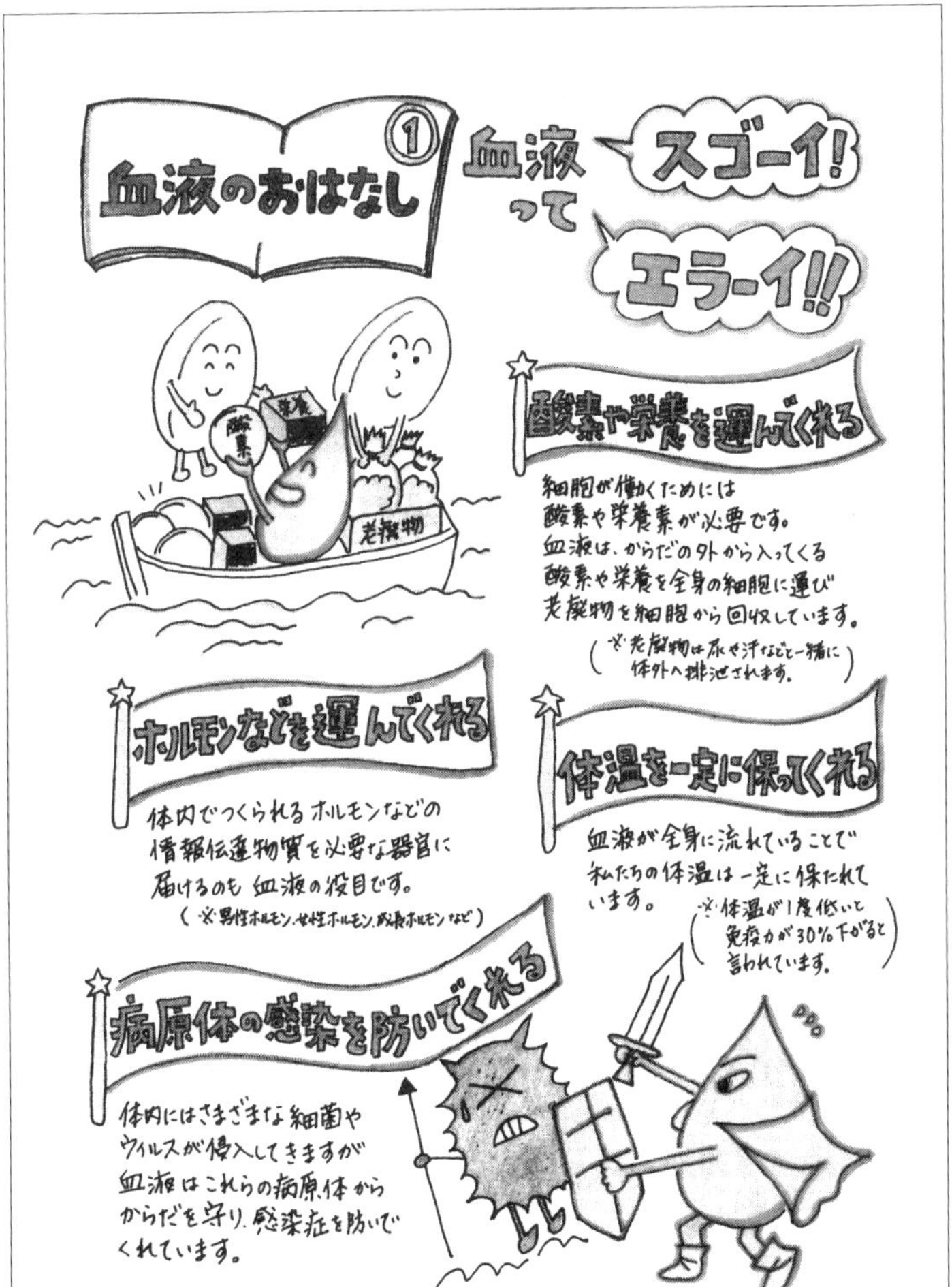

今では絵の上手なスタッフが手書きPOPをつくってくれて、店内に貼っています。

◇「次回も一緒に頑張りましょう」の送り出し

「ありがとうございました。またお待ちしております」は、「また来られたら来てください」という意味です。

押しつけもなく、さらっと聞き流せる送り出しですね。時にはこの送り出しのほうがいいときもありますが、このお客様は健康にも興味があるし、目標も共有できたな、と感じたら、「来られたら来てください」ではなく、「ちゃんと来てくださいね。一緒に頑張らせてくださいね」という気持ちを込めた送り出しをしましょう。

具体的には、次回の目標とそれまでの宿題を一緒に頑張らせてくださいね、という気持ちを伝え、「ありがとうございました」ではなく、「また○○日お待ちしております」と言うようにします。

「今日はお身体全体のご様子に合わせて痛まないように施術してみました。次回はつらさの根本が改善できるといいですね。それまで宿題、頑張ってください。では、また明後日お待ちしております」

「今日でだいぶお身体の変化を感じていただけると思います。この調子を長持ちさせるために、もう1回頑張りましょうね。また明後日お待ちしております」

「○○さん、すごく頑張って宿題もやってくださったから、すっかり調子がよくなりましたね。宿題は続けてください。ひと月後戻ってしまっていないかの確認のために来ていただくといいと思います。

ゴルフ、思う存分楽しんでくださいね。ではひと月後お待ちしております。ひと月経たなくても何か調子が変わったら、いつでも来てください」


このときのお客様は、ひとつの目標を達成した仲間のような、すがすがしい笑顔になってくださいます。

たとえ次回のご予約をいただけなかったとしても、担当した施術者としてこのお客様はどれくらい経ったら、またつらさがぶり返すだろうと想定の時期をお伝えするだけでも効果があると思います。


「今日、かなりカチカチになっておられたので、1週間もすると同じようにつらさが戻ってしまうかもしれません。また1週間後お待ちしております」
「だいぶ我慢が長かったようでお身体が悲鳴を上げていましたね。押されて痛すぎるのはよくないので、表面から施術させていただきました。もう少し深い筋肉まで触らせていただけたら、もっと軽さを感じていただけると思います。表面が柔らかい2~3日中にぜひもう一度ケアさせてください。お待ちしております」

いずれも、「お客様のため」という気持ちを込めて伝えましょう。

◇なぜ施術が必要かを書いた紙をお渡しする

こった肩をほぐしてもらって気持ちがよかった。張った腰をほぐしてもらってスッキリした。でも、きっとすぐにぶり返してしまう……ということはお客様もわかっていますが、つい、つらくなったときだけ行けばいいと思ってしまいます。

もちろんそうなったときに来ていただければ、全力でケアをさせていただきますが、そのようにつらくなる原因のある方は、また同じ習慣で生活するので、また同じつらさをく

図7 ◆「身体のためによい習慣をつけてください」という思いを込めたお手紙

本日はご来店ありがとうございました。

今日はいつもより水分（白湯・常温水）を多めに摂って早めにお休みください。
硬くなった筋肉をもみほぐしたことで老廃物が流れやすくなっていますので、水分を摂って尿として排泄してください。
また、熱すぎない風呂にゆっくり浸かり身体を温めてからお休みになってください。
明日の朝身体が軽く感じていただけると思います。

ボディケアステーション・ほぐしte１８では月に一度の身体ケアをお勧めしております。
病気予防・健康維持のためには血行を良い状態で保つことがとても大切になってきます。
血液が身体の隅々まで滞りなく流れていることで人間は生きているのですから、その状態が悪くなれば病気になってしまうのもうなずけます。

では、血液の働きを幾つかご紹介しましょう。
一、　内臓や骨格筋などの細胞一つ一つに酸素と栄養を運び届けています。
二、　身体の隅々から老廃物を受け取り処理器官まで運んでいます。
三、　体温を一定に保っています。
四、　ウィルスやばい菌などが侵入したときに攻撃し、それに侵されることを防いでくれます。
五、　ホルモンなど必要に応じて運搬してくれます。
六、　免疫力を発揮するのは血液中の白血球の働きです。
この他にも生きていくために大切な働きをたくさんしています。

凝りや張りなどの症状が出ているということは、血液の流れが悪くその働きが上手に出来ていないことの注意信号です。髪が伸びるように身体の中では老廃物が溜まっていき、血行は更に悪循環に。
月に一度伸びた髪を切るように、月に一度身体のケアもしてあげてください。

「予防は治療に勝る」ということで、健康食品などを利用している方も多いのではないでしょうか。
整体もそれと同じように病気予防の一つです。

定期的に自分の身体のケアをし、定期的に健康診断を受け、生活の習慣を見直して行く。
これが最高の病気予防策です。
ご家族皆様の病気予防・健康管理の一環として、
ボディケアステーション・ほぐしte１８を是非ご利用ください。

ボディケアステーション・ほぐし te１８では、お客様お一人お一人に合わせた施術をすることで、無理のない血行促進を促してまいります。

スタッフ一同、一人でも多くの方が毎日笑顔で過ごせるよう、「健康維持のお手伝い」の気持ちでお待ちしております。

り返します。

何年も我慢して一時しのぎをしていると、もしかしたら次はドカン！　と寝込むほどのつらさがくるかもしれません。実際にそういうお客様を何人も見てきました。

つらい思いをするのはお客様だから、どうか定期的に全身の血行を促進し、筋肉の柔軟性を保つ習慣をつけてほしい。そんな思いを込めて、お客様へのお手紙をつくりました（前ページ）。

「本気であなたを心配しています」という気持ちが伝わるといいな、と思って、初めてお越しのお客様がお帰りになる際にお渡しししています。

明日から取り入れられるコミュニケーションのコツ、いくつか見つかりましたか？

ポイントは、

- **自分は大切に扱ってもらえていると感じてもらう**
- **印象のいい施術者と思ってもらい、信頼につなげる**
- **なぜ通ったほうがいいのかを自分の言葉で相手に伝える**
- **通うことが楽しくなるような提案（宿題など）で目標を共有する**

・クロージングはご来店のときからはじまっている（お帰りのときにだけご予約の話をしても、リピートにはつながらない）

施術やサービスの内容にもよりますし、自分の店がどんなイメージとして発信していきたいかで変わってくると思いますが、以上はどんなイメージの場合にも大切なポイントです。このポイントを基本軸として、自分らしく活用してください。

HINT

「お客様のため」ならば、押しつけにはならない！

3章

オンリーワンの対応を目指す！
施術時のコミュニケーション

1 施術は流れ作業ではない

前章では、施術時以外のご予約からお帰りまでの流れに沿ってコミュニケーションのコツをお伝えしました。施術時は特にコミュニケーション力を発揮したい場面が多いので、本章でしっかりお伝えしていきたいと思います。

私たちが日々お客様に提供している施術は、多くの場合、学校などで習った技術の流れがベースになっています。

そこに少しずつオリジナルを加えて、自分流の流れをつくっていきます。新しい施術の研究をし、レパートリーが増えていき、キャリアが上がれば上がるほどオリジナリティのある施術になります。

私の場合は、住まいからなるべく近い整体学院に通い、卒業後に就職しました。民間資格ではありますが認定資格をいただいて、一人前のつもりで現場に出ました。

ところが、最初はまったくもって通用しません。一所懸命やっていても、お客様からは「あんまり変わらないね」と残念な反応をいただく始末。これはもっと勉強しなきゃダメなんだと、何度となくセミナーに通い、ひたすらレパートリーを増やしました。

そのときに勉強したことが、現在スクールで生徒さんに教える立場になって役に立っていますが、はたして技術のレパートリーが増えたから、お客様の数が増えたのでしょうか。いいえ、そうではありませんでした。

施術にひとつの流れができてしまうと、肩こりと言われたら同じ順番で施術をして、最後に同じストレッチをして終わります。お客様が男性でも女性でも、太っていても痩せていても、です。

でも、肉体労働をしている男性は広背筋や大胸筋といった筋肉をきっちり施術しないと結果が出にくいし、痩せた女性は末端の血行を先に気にしたほうがいいこともあります。

肩につながる筋肉も、首の太い男性はうつ伏せで揉んだほうが効率的だし、瘦せた女性は仰向けで揉んだほうが喜ばれます。技術だけでもこんなに違いがあります。

もっと言えば、同じ人でもその日の気分や体調によって、「肩こりでも今日はそこじゃないんだよ」ということがあります。

つまり、**ベルトコンベアに乗って流れてきたものに、同じパターンで同じ技術を繰り返していたのでは満足していただけず、信頼関係を築くのは難しい**、ということです。

ベッドに横になってしまうと目を見てお話ができない分、意思の疎通が難しくなります。潜在的なニーズを読み取るためには、より観察力が必要な時間です。

私は、目の前のお一人おひとりにオンリーワンの施術をするために、東洋医学で使われる「東洋四診」を用いるようにしています。これは、お客様の「声なき声」を読み取りたいときにとても役に立っています。

①望診

お客様の容姿やしぐさなどを観察して、できるだけその方に似た自分を演出します。たとえば、声が大きく元気な方にはそのように、か細くゆっくり話す方には同じような自分を演じます。

ここでの狙いは、少しでも早いうちに「この人は安心できる人」と思ってもらうことです。私自身も、疲れて声を張るのもしんどいときに、大きな声を出されたら居心地悪いと思いますし、元気なときにか細い声で話されると、逆に「大丈夫？」と心配してしまいますので、気をつけています。

接客中の自分の演出方法については、次章でくわしくお伝えします。

②聞診

お客様の声や身体から出る音や匂いを逃さないように観察します。

声はその方にどんな施術が向いているかを判断するのにとても重要なポイントです。たとえば、鼻づまり声の場合、うつ伏せ状態はあまり長くないほうがいいでしょうし、口臭の強い方は口が渇いているのかもしれないので、水分補給のために少し水を飲んでいただいてから施術しています。

③問診

お客様が訴えるすべてをしっかり聞き取りをします。

今日してほしいことは何だろう？　普段どんなことをしているのだろう？　直接職業を聞かないまでも、生活をする中で、何をしたらその部分がつらくなるのだろう？　など、その日の施術の組み立てを考えられるように質問をしていきます。

④切診

直接触って観察します。

同じ肩こりでも、触ってほしいところはお客様それぞれです。流れ作業になってしまうと、お客様の触ってほしかったところに手がいかないまま終わってしまうなんてことも起きてしまいます。

ベッドに腰かけていただいたときだけでなく、寝ていただいてからも、「ここはどうですか？　こんな角度で押されたらどのように感じますか？」など、「今日はこんなふうにやっていきますね」という施術の流れが決まるまで、お客様のニーズを探り出します。

施術時にこの4つの方法を取り入れるようになってからは、「かゆいところに手が届くってこういうことだよ」とうれしいお言葉をいただけるようになりました。

伝えていただいた言葉では探り切れない、深いニーズまで読み取るために集中して観察する。これが施術中の最大のコツかもしれません。

HINT

症状は同じでも、施術が同じとは限らない。

2

身体をほぐして心もほぐす。心がほぐれて身体がほぐれる

心と身体はつながっているというのは、よく耳にすると思います。

ストレスは交感神経を優位にし、身体が緊張状態になって血管が細くなる→それが続くと、リラックスのための副交感神経にスイッチが入りづらくなる→手足は冷え、眠れなくなる。胃腸は副交感神経優位で活性化するから、交感神経優位では胃腸の働きは鈍くなり、胃痛や便秘が起きやすくなる……など、心と身体のつながりは医学的にも証明されています。

ここでお伝えしたいのは、**施術時間は身体だけでなく心も癒す時間**だということです。

先にお伝えした4つの方法（東洋四診）でお客様の様子やニーズを読み取り、この人は安心・信頼できそうだなと感じていただけたら、施術をはじめます。

施術のスタート時、特に私が気をつけているのは以下の3点です。

①いきなり施術をしない

施術枕にうつ伏せの状態だと、顔は埋まっていて目を開けても下しか見えません。横向きでも目をタオルで隠されています。人の動く気配はしても、どこから触られるかわからないときに、いきなり肩のツボを押されたらビックリしてしまいます。

ですから、最初にお客様に触れる施術は、脊椎沿いを優しくなでるように圧を与えていきます。そして、徐々に圧を増やしていきます。

背中に乗せる手は、お客様が着替えをしている間に湯に浸し温めておきます。初めて触られるときに温かい手で背中をゆっくりなでるような圧がかかったとき、多くのお客様はそれだけで「先生の手って癒されるね」と言ってくださいます。

このときこそ、身体と一緒に心もほぐす時間です。心がほぐれると、「はぁ……」と深い呼吸に変わります。深い呼吸をしているお客様の身体は、受け入れ態勢が整っています。

そこからはお客様のニーズに合わせた、今自分のできる精一杯の技術の提供をします。

お客様に最初から最後まで癒しを感じていただけるのは、**それまでのプロセスで受け入れ態勢ができているから**です。

②心をほぐすためのお声かけのタイミングを外さない

施術スタートから15～20分は、お客様の意識が比較的はっきりしています。この時間がさらにお客様との距離を縮めるチャンスタイムです。

お客様が自分のことを話しやすくなるようにお声かけをしましょう、と指導をすると、やたらと質問をしてしまう人がいます。逆に、「あなたはどうなの？」などとお客様から質問を受けてしまう人も。

ひとつの話題でお声をかけたら、その話題に対するお客様の答えを広げる話術を身につけましょう。質問ばかりでは、お客様も落ち着きませんよね。

また、なかにはできるだけ話かけてほしくないと思っているお客様もいらっしゃいます。そのような方には、強さの確認や向きを変えるなど、最低限のお声かけにとどめましょう。

会話でコミュニケーションをとったほうが心を開いてくださる方なのか、その逆の方なのか、早い段階で見分けられないと、お客様の心が離れてしまい、身体もほぐれなくなってしまいます。

ちなみに、私は2回お声をかけるようにしています。1回目はまだ慣れていないだけかもしれないので、2回お声をかけて、どちらのお返事も「いいえ」とか「別に」など素気ないものでしたら、それ以上は控えるようにしています。

会話を弾ませたい方、静かにしていたい方、どちらもタイミングを外さずに心をほぐしていくような流れをつくりたいものです。

③お声かけのワードの選択

「だいぶ肩が固くなっていますね」の後に、あなたならどんなお声かけをしますか？

以前、私が「お仕事がお忙しかったのですね」とお声をかけると、「仕事は忙しくなくちゃ困るだろ！」と、気分を害されてしまったお客様がいました。お客様はその後、無口になり、心も固くなってしまったので、身体のほぐれもよくありませんでした。

このお客様は、もしかしたら「お仕事が忙しかったのですね」と、決めつけのような言葉を言ったことがよくなかったのかもしれません。

他にも似たような場面は多々あると思います。「今日はお休みですか？」というお声かけに、「これから休日出勤なんだよ」と言われたら、どんな言葉で話を進めますか？
「休みが返上じゃつらいですね」「お休みが減っちゃ困りますね」「余計に肩がこっちゃいますね」……。これらは、どれも「つらい」「困る」「こっちゃう」とネガティブな言葉で、相手の気持ちがわかったような会話になっています。

こんなときは、「お休みの日まで呼ばれるなんて、頼りにされているんですね。○○さん、頼りがいありそうですもんね」というように、ほめ言葉につながる言葉を選ぶようにしましょう。施術の時間は、お客様の気分がよくなる方向へ話を進めて、より身体がほぐれやすくしてあげるのも私たちの仕事です。

言葉の選択が難しいと感じるときは、「自分だったらどんふうに言われるとうれしいかな」と、考えてみてください。言葉の選択力は、訓練で鍛えられますよ。

HINT

お客様の気分がよくなるポジティブな言葉を選ぼう。

3 店の意思を伝えて納得してもらう

東京都内をはじめ、どこの街に行ってもメイン通りには、整体・カイロ・ボディケアなど施術院の看板をよく見かけます。私の住む宇都宮市内だけでも150軒近くの施術院やサロンがあります。

こんなにたくさんあっても、お客様はどこかいいところがないかな、と探しています。新しい施術院ができれば、自分に合うかどうか試しに行きます。くり返しになりますが、初めてのときはとても気に入ってくださったと話していても、お客様は自由です。気に入ったと言ってくれたじゃないかと縛っておくことはできないのです。

それでも自店を選んでいただくためには、**施術する側の意思をはっきり示す**ことが大切だと思っています。

私は、ある男性のお客様とのやりとりで、そのことをはっきり確信しました。

そのお客様は施術されることに慣れていらっしゃるようで、カルテをご記入後、「強押しね」と言ってベッドに横になりました。

身体は確かに強く押され続けている筋肉の固さで、とにかく強ければ強いほどいいとおっしゃいました。モミ返しが出てもいいから強く押してほしい、と。


しかし、私は初めてのお客様の身体を施術するときは、表面に近い筋肉から解き、徐々に深い層へと圧を流します。ですから、施術慣れしていらっしゃるお客様は、最初の20分くらいはもの足りない感じを受けるかもしれません。

全身の血行が促進されはじめ、老廃物が移動するのに開始から15〜20分。その後、だんだんと眠気が出てきます。ということは、意識がはっきりしている開始から15〜20分はもの足りなさを感じながら眠ってしまうという感じでした。

向きを変えるたびに身体の状態を丁寧に伝えたものの、眠ってしまっているお客様には子守唄程度にしか聞こえていなかったかもしれません。仕上げに起き上がっていただき、「浅いところの固さを無理なくほぐしてありますから、間を空けずにあと2回来てください」

と伝えると、怪訝そうな顔で「時間があったらね」とお答えになりました。きっともの足りないと感じたまま眠ってしまい、その印象が残っているのでしょう。私は、「では、お時間のあるときにお願いします」とだけ言って、着替えを促し受付で待っていました。

すると、着替え終わってお茶を飲んでいたお客様が、「何であと2回なの？」と聞き返されました。そこで私は、

「今日は初めてなので、お客様の身体を知るために、固さの出ている場所や、筋肉の質を探らせていただきました。

初めの半分で表面を、その後の半分で深いところへ圧を入れてみました。動き出してみて身体の軽さは感じていただけていると思いますが、あまりにこりが強かったので、どれくらいで戻ってしまうかわかりません。表面が柔らかいうちに、もう一度深い層への施術をさせていただきたいのと、3回目は今の軽さを継続させるためのストレッチや運動を覚えていただきながら施術していく予定です」

そう今後のスケジュールを説明しました。

これはお客様が少しずつ痛まない身体になっていただくために申し上げていること、今まで強く強くと押された筋肉は、実は傷ついていて修復に時間がかかり、生活習慣も変わらないことでますます疲れやすい筋肉をつくってしまっていたのだ、と伝えました。

すると、「最初はさっぱり痛くないし、もの足りないから次はもう来ないと思っていたけど、今までと違って突っ張る感じはないし、身体がポカポカして、続けたら楽になれそうな気がしてきた」と言ってくださいました。そして、その場で1万円のチケットをお買い上げくださったのです。


施術の感触は、決してお客様の望む強いものではなかったかもしれません。

しかし、施術者として、**なぜ通ってほしいのか、それがお客様にどんなメリットがあるのか、またそうしなかったことでどんなデメリットがあるのか**を伝え、施術のスケジュールを説明したことで、お客様のためにケアしていきたいという、こちらの意思が伝わったのだと思います。

どこへ行っても、「今日はどうしますか?」「強押しですね」、そんな会話しかせずに強く押され、モミ返しがあったとしても、それがいいと思っていたお客様。

このようなお客様はすぐにまた同じような状態になって、再びご来店してくださるかもしれません。でも、先にも言った通り、お客様は常に「どこかいいところないかな」と思っています。

「どこか」ではなく、「やっぱりここだな」と思っていただくためには、目の前のお客様の身体と真摯に向き合い、どんな方法がそのお客様に一番いいのかを、意思を持ってご提案していく。そうすることがお客様の信頼となり、「やっぱりここ！」とリピートしてくださることにつながるのです。

HINT

「お客様のため」という意思を伝えよう。

4

施術中、誰に声をかけていますか？

普段、私も施術をしてもらいに、いろいろな店に行きます。そこでよく耳にする声かけの一例です。

「では、うつ伏せからお願いしま〜す」
「は〜い、横向きですね〜」
「最後に仰向けでお願いしま〜す」

さて、どんな印象でしょうか？　よくある声かけで、特に失礼があるわけではありませんから、問題にはならないかもしれません。可もなく不可もなく、といったところでしょうか。

それでは、次の印象はどうですか？ 私の院でとても上手に接客するスタッフの声かけです。

「○○様の一番おつらいのが肩ということでしたので、うつ伏せからはじめたいと思います」
「○○様、次は腕の横をほぐしていくので、横を向いていただきますね」
「○○様、ご気分はいかがですか？ 仰向けになっていただいて、腕のつけ根にいきたいと思います。最後に目の周りや頭のツボを押しますね」

目の前にいるお客様への配慮として、大きな違いがあると思います。

1日に何人ものお客様を施術すると、パターンが固定してしまいがちです。さらにお声かけも全員同じ、などということも起こったりします。

でも、可もなく不可もなくのお声かけしかできない人に持つ印象は、可もなく不可もなく、です。

後者のお声かけは、丁寧な人だなとか、すごく親身になってくれているな、という印象を持っていただけて、それだけで1対1の信頼関係ができやすくなります。

もしかしたら、その前者のスタッフも、最初はできていたのかもしれません。でも、だんだん時間が経つにつれ、可もなく不可もなくのお声かけしかできなくなってしまったのかもしれません。

習ったことをいつまでもやり続けられる人と、そうでない人とでは、指名数やリピート率にも差が出るのは当然のことです。

お客様は自分が大切に扱ってもらえていると感じたとき、他のお客様より特別によく扱われたと感じたときに常連になってくださり、ご紹介や口コミをしてくださいます。

名前を呼ばずに「仰向けお願いしま～す」はよそ見をしている言い方です。

「○○さん、次は仰向けになっていただきますね。ご気分は大丈夫ですか?」は、目線も気持ちもちゃんとお客様に向かっています。

施術者にとっては今日5人目のお客様かもしれませんが、お客様にとっては、やっと身体と心をほぐしてもらえる大切な時間。気持ちがよそ見をせずお客様に向くように、ぜひお名前を呼んでみてください。

目の前のお客様に対して、1対1の施術をするように意識を向ける。このオンリーワンの関係こそが信頼関係につながる近道です。

私がこうした「お客様と信頼関係を築いてきた」経験をスクールの生徒や店内のスタッフに伝えると、すぐに実践できる人、「できるかどうかわかりませんが、頑張ります」と言う人、「先生だからできたのだと思います。私には難しいです」と言う人、さまざまです。でも、いつでも結果を出す人は不言実行です。ぜひ、皆さんも次のお客様から実践してみてください。

HINT

名前を呼ぶことだけでも、オンリーワンの対応になる。

5

「やりたいこと」と「お客様がやってほしいこと」

3項で、「強押しで」と言ったお客様のお話をしました。その方の訴えは「とにかく強くやってほしい」でしたが、今の身体にいきなり強いツボ押しをしたら、余計につらくなってしまうかもしれないと感じたのでそうお伝えし、徐々に強さを変えていきました。結果的に3回連続で通っていただき、その後はひと月に1回来てくださっています。

これは相手を本気で心配し、その気持ちが伝わった結果でした。

私は常々、相手のニーズに合った施術をする大切さを、生徒やスタッフに伝えています。

これは、**相手に寄り添う**ということです。

相手のニーズに合わせようとするあまり、言われたことしかしないようでは、プロとしての誘導は不十分です。肩がつらいと言われてひたすら肩だけを触り続けるのは、プロとは言えません。

逆に、施術者の押しつけだけの施術になってもいけません。

以前、私自身が肩のつらさを何とかしてほしいと思い、初めてのとある整体院に行ったことがあります。そこは、とても元気のいい男性の先生が1人でやっていました。

肩がつらいことを伝えると、温熱装置に入るように促され、そこで20分。施術ベッドに移動して、まず足の裏を押し、しばらく膝下のツボ押しをしてくださいました。

もしかしたら、肩をやってほしいということが伝わっていないのかと思い、「すみません、肩のほうを……」と言うと、「あなたの肩がつらいのは腰からきていて、機械で温めても足の冷えがとれないから、まずはそこを改善しないと肩のつらいのはとれません」と言います。

ああ、肩のことは伝わっているから、下半身の次は肩をやってくれるのかと思っていると、何やらお湯を張った入れ物を持ってきて、足浴をしたほうがいいと言われました。

結局、足を温めたところで時間になってしまいました。冷え性を改善するためのストレッチと腰を伸ばすストレッチを教えてもらい、最後に肩にジェルを塗って終了です。

確かに理屈はわかります。原因が腰にあって、まずは足からの施術もありだと思います。でも、そのとき、私は肩を揉んでほしかったのです。

残念なことはそれだけではありませんでした。施術後、自分が長い間スポーツをしていて、健康でいるためにスポーツは欠かせないというお話がずっと続きました。

もしかしたら、運動不足が肩のつらさを解消できない本当の理由なのかもしれません。教えていただいたストレッチも効果的かもしれませんが、しかし、私は肩をほぐしてほしかったです。

ここまで客側のニーズと離れているのは稀な例だと思いますが、施術者のやりたいことと、客側がやってほしいことの違いはできるだけ少ないほうがいいと思っています。

ですから、私はお客様のニーズを聞き取ることにしっかり時間をかけるのです。今日わざわざ足を運んでくださったのは、自分にやってほしいことがある、ということですから。

肩がこっていて、足も冷えているという、そのときの私と同じ症状だったとしたら、**まず最初にお客様が一番気になっているところに手を置きます**。

先程の先生のように足を温めることが必要だと考えても、まず相手が一番気にしている肩に手を置きながら、「ああ、確かにつらそうな肩をしていますね。今日はここがほぐれるようにやっていきますね」と伝えます。**これだけでお客様は安心してくださいます**。

そして、足の冷えがあると腰に負担をかけ、肩のつらさにも影響があることを伝え、下半身をしっかり施術して、そしてもう一度肩に戻ります。

ここでのポイントは、お客様の訴えがちゃんと伝わっていることを行動で示して安心していただき、さらに触ってみた感触を伝えてお客様の訴えを肯定すること。

お客様が「いつになったら言った場所をやってくれるの？」と思っている時間は、**施術者とお客様の距離が離れていく時間**です。施術の最初と最後に、お客様が触ってほしいところに手を置いてみてください。

「こんなに固かったらつらかったでしょう」と共感してもらえれば、お客様は「来てよかった」と思ってくださるでしょう。

本章でお伝えしたことは、「そんなこと？」と思うようなものばかりかもしれませんが、その小さな一つひとつの行動を積み重ねることが、長く信頼していただけることにつながります。

小さな行動だからこそ続けるのが難しかったりしますし、当たり前のようでいて意外とできていないこともあると思います。ぜひコツコツとやり続けてみてください。

HINT

お客様の「ここに来てよかった」を引き出そう。

4章

指名率がアップする！
役づくりコミュニケーション

1 どんな世代ともうまくいく「役づくりコミュニケーション」

2・3章では、接客の流れに沿って、基本的なコミュニケーションのコツをお伝えしました。本章では、コミュニケーションが苦手と感じている人にこそ取り入れていただきたい、「役づくりコミュニケーション」についてお話しします。

役づくりコミュニケーションとは、会話が苦手な人でも、役になりきることでスムーズに会話が進む方法です。会話が苦手だと思ったまま会話をしようとすると、緊張して余計に言葉が出てきませんよね。

たとえば、お客様が父親と同じ年代の男性ならば娘（息子）役。年下の同性なら先輩役。その役になりきることで、相手や場面が変わっても、言葉がスムーズに出てくるようになります。

当院のスタッフにも、話し下手な人がいましたが、役になりきるという方法を教えたところ、徐々に会話を楽しめるようになったようです。

実際にあった役づくりコミュニケーションのエピソードをお話ししましょう。

ベテラン施術者でも、指名数を上げ続けるのはなかなか大変なことですが、当店でデビューしたばかりの新人が、いきなりベテランスタッフを抜く指名数を出したことがありました。

この新人は施術者になる前の仕事が老人施設の職員でした。そのせいもあってか、相手の話を聞くときのあいづちがとても優しいのです。

「今朝、腰が痛かったんだよ」というご年配のお客様には、「あら、そうなんですか～。朝から痛いところがあると一日憂鬱ですもんね」と、つらさに共感します。まるで孫が祖父と話をしているようです。

新人ですから、技術力はまだまだなのですが、彼女はあっと言う間に指名をいただくようになりました。介護の仕事をしていたというキャリアが、ご年配のお客様のお話をとても丁寧に聞くということに生きていたのだと思います。案の定、ご年配のお客様から人気がありました。

一方で、彼女は同世代の30代の女性のお客様からの指名はとれませんでした。ご年配の方は、わかりやすい言葉で、語尾も丁寧すぎない会話が好むようですが、30代のお客様にご年配の方と同じニュアンスで話しかけると、少しバカにしたように聞こえてしまうことがあるようです。

彼女だけではなく、特に同世代で同性のお客様を苦手とする施術者は少なくありませんが、私は、**先輩と接するように会話をする**ようにしています。

お客様も施術者が同世代なのは、見ればだいたいわかります。自分はお客で、もてなしてもらう立場という意識もあります。つまり、同世代のお客様は、自分が目上であるように対応してもらいたいのです。

そこをいきなり同世代だからと目線が同じでは、「ちょっと、私はお客よ」と感じてしまうでしょう。

私自身もやはり、初めは同世代の女性には苦手意識がありました。しかし、この世代にはこの立場で接する、と自分の役柄を決めて接するようにしてからは、どの世代も苦手意識を克服することができました。

立場を明確にすることで、言葉の選択がしやすくなります。

得意な年齢層に人気が出るのもうれしいですが、他の層が苦手ではターゲット層が狭くなってしまいます。どの年齢層にもスムーズに受け入れていただける役づくりコミュニケーションをぜひ試していただければと思います。

この役づくりコミュニケーションは、恥ずかしがらずになりきることがポイントです。次項から、実際に、いろいろな役になりきった会話例をお伝えします。最初は照れくさいと思うかもしれませんが、役になりきることできっと心が楽になりますよ。

HINT

コツは、役になりきる！ こと。

2

知識を出しすぎると立場が逆転してしまう

施術者はスクールやセミナーなどで解剖学、生理学などたくさんの知識を習得しています。しかし時として、その知識がお客様との距離を大きくしてしまうことがあるので、気をつけなければなりません。

私もスクールでは、「人の身体に触るというのは簡単なことではありません。知識はしっかり身につけなさい」と生徒さんたちに伝えています。しかし、知識は持っていなければならないものですが、それを一所懸命伝えようとするがあまり、「押しつけ」になってしまうことがあるのです。

1章でもお伝えした、ある男性施術者の例です。彼はとても勉強熱心で、仕事場にも解剖学書を持ってきていて常に勉強をしていました。

ところが、普段あまり言葉数が多くないという人柄もあってか、共感の言葉や気遣いの言葉がなかなか出てきません。それなのに、施術後の説明になると、さっきまでの無口な彼とは思えないほど言葉数が増え、筋肉の名前、身体の連動など、持っている知識の披露がはじまります。お客様がベッドから起き上がってからの時間が、やたら長いのです。

彼は、知識を伝えたい技術者という役から脱け出すことができず、指名がとれません。結局、彼が担当したお客様からは、次回は指名どころか逆に「前回の人じゃない担当でお願いします」と言われるようになってしまいました。


「あ〜、スッキリした。身体が軽い」と起き上がったお客様は、どんな心理でいるのかを理解していないと、彼と同じ失敗をしてしまうでしょう。

ほとんどのお客様は、**施術が終われば「さあ、帰ろう」という意識**です。そこで何分も身体の説明をされては、うっとうしいと感じてしまいます。

初めは「へえ、そうなんだ」と聞いてくださったお客様も、だんだん返事をしなくなります。そもそも「へえ、そうなんだ」というのは聞き役が言う言葉です。お客様が長い時間聞き役になってしまっているということに気がつかなければなりません。

お客様の中には、とても身体にくわしくてどんどん質問をしてくださる方がいます。そんなお客様にちゃんと答えられるように、知識は持っていなければならないことに変わりはありません。でも、その使い方を間違ってはまったく逆の効果になってしまいます。

たとえば、「今朝腰が痛かったんだよ」というお客様に対して、アドバイスを「説明」と間違えてとらえてしまうと、

「朝は腰の筋肉が冷えていることが考えられるので、それが原因で痛かったのかもしれません。では、腰をやりますね」

という対応になってしまいます。これでは、お客様のつらさへの共感はまったくありません。共感を伝えるためには、

「そうなんですね。朝から腰が痛いのでは、一日が憂鬱になってしまいますよね。では、明日の朝、また痛まないように今日はしっかり腰をやりますね」

という対応になります。

施術後も、このような対応の違いになるでしょう。

「お疲れ様でした。右の腰椎周辺が固くなっていたことが原因だと思います。筋肉は寝返りすることで固まるのを防いでいるのですが、朝方になると外気が冷えて寝返りが減るので固まりやすくなります。この筋肉とこの筋肉が連動しているので、ここが固くなると次はここが痛くなる可能性もあります。普段の動きに気をつけて、この筋肉を鍛えることで改善できます」

⇩

「お疲れ様でした。本当に固くなっていてつらそうな腰でしたね。しっかりやらせていただいたのですが、これで○○さんが明日の朝、スッキリ起きていただけたらうれしいです。寝る前に、白湯などで少し水分補給をして、足が冷えないようにお休みくださいね。寝る前のストレッチなんかもおすすめです」

いかがですか？　同じお客様にまったく違う内容に聞こえます。伝え方ひとつで説明の押しつけと聞こえたり、気遣いの言葉に聞こえたりするのです。

施術はお客様のニーズに合わせることが基本ですが、アドバイスの仕方もお客様に合わせることで、満足度が変わってきます。

どう言えば気持ちよくなっていただけるかを考えると、言葉選びが楽しくなってくるでしょう。私の場合、お客様の優越感をくすぐる言葉を入れてアドバイスするようにしています。

「〇〇さん筋肉固くなってましたよ。ちゃんとストレッチしたほうがいいですよ」

⇩

「〇〇さん、スポーツされてるんですか？　立派な筋肉していますよね。もう少し柔軟性があったら、もっとかっこいい筋肉になりますよ。

図8 ◆ 施術者を車にたとえると……

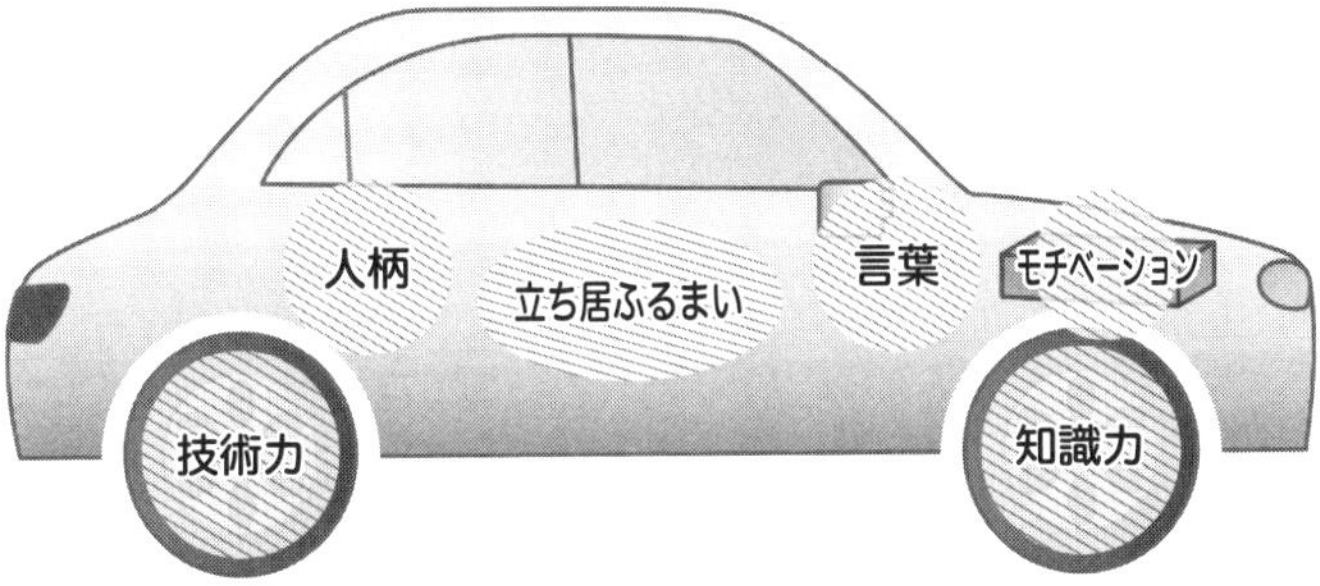

「○○さんは、すでにご自分でもストレッチをやっていらっしゃると思いますけど、私のおすすめはこんなストレッチのやり方です」

これは、実際に40代の自転車好きの男性にお伝えした言葉です。そのお客様からは、次回からストレッチの時間を長くしてほしいというご要望をいただけるようになりました。

私は施術者を車にたとえることがあります。**前輪が知識力、後輪が技術力。動力となるエンジンは仕事に対するモチベーションで、その燃料が大切なお客様の役に立ちたいという思い**。このどれが欠けても、いい仕事はできません。

そして、**言葉や立ち居ふるまい、人柄などのコミュニケーションがボディ**をつくっていきます。

知識と技術がなければタイヤは回りません。でも、タイヤだけでは車として機能しません。そこにいろいろな部品によって、ボディができあがっていきます。

どれかが欠けることなく、どれかだけが大きくなりすぎず、バランスのいい車でなければ、安全な走りはできません。

お客様の健康人生という道のりを、安全でバランスのいい走りで導いていきたいものですね。

HINT

役づくりは、車のボディの色を変えるようなもの。

3 家族の誰かになりきって距離を縮める

役づくりコミュニケーションでは、自分の年齢とお客様の年齢を考え、まるで家族のように、またまるで親友のように言葉を選んでお話をしていきます。

たとえば、女性の施術者の場合。

○**年配の男性に対して**

「お休みも返上なんですね。そんなに頑張りすぎたら、倒れてしまわないか心配しちゃいます」

➡父親に話しかけるような言葉を選びます。

○ 年配の女性に対して

「あんまり頑張りすぎないでくださいね。今日は家事をさぼっちゃってもいいと思いますよ」

➡ **娘がお母さんに話しかけるような言葉に変えます。**

○ **年下の男性に対して**

「○○さん、頑張りすぎ！　ちゃんと休まないとダメですよ」

○ **年下の女性に対して**

「こら！　○○さん、また頑張りすぎてる～。自分の時間もちゃんととってあげなきゃ！」

➡ **姉や母親からのような言葉です。**

この役づくりコミュニケーションも、初めてのお客様と2回目以降では、言葉の距離感が変わってきます。初めてのお客様に「こら！」といきなり言ったりしませんが、ご来店から施術中の間に距離感がどれくらいあるかを相手の言葉から読み取って、少しずつ距離を近づけた言葉にしていきます。

○年配の男性に対して

「お休み返上なんですね。そんなに頑張りすぎたら、倒れないか心配しちゃいます」

⇩

「あら、また頑張りすぎちゃったんですか？ ちゃんとお休みもとってくださいね」

⇩

「あ〜、また頑張りすぎですね。本当に心配してるんだから」

と、どんどん本当に親子のような会話になっていきます。

本章1項でもお伝えしましたが、この役づくりの中で特に難しいのが、同年代の同性の場合です。相手の年齢はカルテなどで確認できますから、想定は「少し年上の先輩」という設定がいいかもしれません。お客様をお迎えする立場として、そう変わらない年代の場合でも、やはり目上ととらえるほうが失礼がありません。

○**同年代の同性に対して**

「お休み返上なんですね。お身体心配です」

⇩

「○○さん、頑張りすぎですよ～。ちゃんと休んでくださいね」

⇩

「頑張ってる○○さん好きですけど、自分の体にいいことをしている○○さんも好きなんですよね～」

➡**先輩を慕う後輩役を演じます。**

今回は休みを返上して仕事を頑張って疲れてしまったお客様を想定した役づくりでしたが、相手を本当の家族、本当の友達、信頼する先輩と同じように距離を縮めて、本気で心配しているという思いを言葉にする習慣をつけるといいと思います。

私はこれを実践するようになってから、びっくりするくらいリピートが増えました。

HINT

お客様の家族の役を演じよう。

4 忙しいときこそのんびりさんを演じる

私たち施術者もお客様と同じ人間ですから、忙しくて疲れているときも、気分が乗らないときもあります。しかし、そんなときこそ、言葉や態度に出さないのがプロではないでしょうか。

私が心がけているのは、しんどいとき、焦っているときこそ、**ゆっくりのんびり話す人になりきる**ことです。

月末の土日の店内は、ベッドブースが全部埋まり、代わる代わる電話の対応をしても間に合わないときがあります。そんなときは、ベッドにお客様を待たせて電話に出るわけですから余計焦ります。

「ベッドで待たせているお客様に申し訳ない」という気持ちが先に立ち、電話のお客様がコースで迷ったりしているとイライラしてしまいます。どちらも同じお客様なのに、電話の向こうのお客様を急かすような口調になっていたりします。

ある日、ベッドでお待ちいただいているお客様から、「安東さん、私は大丈夫だから、ゆっくりでいいよ」と言われました。それは「安東さん、バタバタして口調が強く、早口になっていて、なんだか怖いよ」と言われたように感じました。

実際、その通りだったのです。

このときの私は、「少々お待ちください」と言ってカーテンを「シャッ！」と開け、走るように電話に向かっていました。

私「お電話ありがとうございます。ボディケアステーション安東です。ご予約ですね、コースはお決まりですか？」

客「初めてなので、どのコースがいいかわからないのですが……」

私「お身体のご様子はどんな感じですか？」
客「肩と……腰と……」
私「では、全身でよろしいですか」
客「全身だとおいくらですか？」
私「5000円です」

このときの私は、お客様を待たせていることに意識があったので、電話の向こうのお客様との会話が長く感じられて、いつもの倍の速さで話をしていたのかもしれません。早々に電話を切り、また走るようにブースに戻り、カーテンを「シャッ！」と閉め、「お待たせしました」と優しい声と表情になったつもりのところで言われた一言でした。

そのお客様をお見送りしてから自分の行動を思い返してみると、いつも心がけている優しい人柄でいよう、日常の忙しさを忘れていただけるように時間がゆっくり流れていると感じていただけるようにしよう、ということをすっかり忘れていたのです。

電話の向こうのお客様だけでなく、それを聞いていたベッドブースのお客様も嫌な気分にさせてしまった失敗でした。そして、恥ずかしいことに、それをお客様から気づかせていただきました。

忙しいときこそ、あえてゆっくり、のんびりした役づくりをしましょう。コツは、なりたいイメージの俳優さんを真似してみることです。

早口では語尾がきつく聞こえ、バタバタとした行動だと、のんびりおっとりした日常の忙しさを忘れていただく時間がつくれません。

どんな状況であっても、焦る状況ならなおさら、「のんびり、おっとり優しい声と表情」の役になって、最高の癒しをつくっていきましょう。

HINT

せかせか、イライラはお客様にすぐに伝わってしまうので要注意！

5 時には無知になる

朝一番でお越しのお客様とは、よく今日の天気が話題になります。そんなとき、あなたはどんなふうに会話をしていますか？

客「今日は夕立がくるらしいよ」

ここで、「ああ、今朝、天気予報でやってましたね。明日もくるみたいですよ」というのが一般的な会話でしょうか。

でも、ここで考えてみてください。お客様は「夕立がくるらしいよ」と教えてくれているのです。私に教えてあげたいと思ってくださったのだとしたら、「あ〜、見た見た」という返事にガッカリしないでしょうか。しかも教えてあげたいと思ってくれているお客様に、「明日もくるみたいですよ」と逆に教えてしまっています。

お客様は、自分の立場が上になっている会話のほうが心地よく感じます。そこで、こんな返事が考えられます。

「え～、今日夕立くるんですか！　困ったなぁ、洗濯物干してきちゃいました。でも、○○さんに教えていただいてよかった！　休憩中に取り込んできます」

たとえ自分も同じようにテレビで今日の夕立を知っていたとしても、わざと知らないふりをするのです。

お客様はきっと、「そうか、洗濯物を雨に濡らさずにすんで、安東さんの役に立てたな」、そう思ってくださると思います。せっかく教えてくださったのに、「なんだ、知ってたのか」では、会話も気持ちも盛り上がりませんね。

天気のことだけなら、もしかしたらすでに注意している人も多いかもしれません。それでは、施術中などの話や健康についての情報だったらどうですか？

客「昨日テレビで腹筋の鍛え方をやってたよ。こうやるんだって」

「ああ、でも、こっちのほうがもっと効果がありますよ」なんて言ってしまいそうではないですか？

こういう場面でも、お客様がなぜ、その情報を持ってきたのかを考えましょう。決して、「あなたは何にも知らないから」とか、「私のほうがあなたよりいろいろ知ってるわよ」なんていう気持ちではないと思います。共通の話がしたかったのかもしれませんし、またはよかれと思って教えてくれたのかもしれません。

こんなときは、こんな返答が考えられます。

「〇〇さん、アンテナが高いですねえ。そういう情報をちゃんと仕入れてるんですね。見習わなくちゃ」

「じゃあ、一緒にやってみましょうよ。どうやってやるのかもう一度やってみせて」

そして、その後で、それとなくおすすめの方法を伝えるのです。

私「効きますね〜。そしたら、運動のついでにこんなのもやってみてください」
客「こっちのほうが簡単にできそうだ。さすがプロだね」

こんな会話であれば、お客様を否定しないどころか、ほめてあげることもできて、健康意識を高めてさしあげることもできます。

たとえ知っていたとしても、あえて知らないふりをする。お客様の言葉が私の役に立ったと思っていただくことで気持ちよくなっていただく。これも癒しのテクニックです。人より物知りでいたい。これはとても大切な心がけですが、知識はお客様を負かすためのものではありません。その知識は、お客様を喜ばせるために使っていきましょう。

HINT
時には「知らないふり」も効果的。

5章

コミュニケーション力をもっと高める思考術

1 「コミュニケーション脳」に切り替えよう

私がこの業界を知ったのは、離婚を経験し、ひとりで生きていかなければならないというときでした。普通科の高校を卒業後、すぐに結婚・子育てをしてきた私は自分に何のスキルもないことに気がつきます。

最初は自分の子どもと同じような歳の学生に混ざって、飲食店の厨房で働いたのですが、「おばさん遅いよ」とバカにされながら働くことに嫌気がさしていました。これから一生こうやってパートを続けるのか……と、先の人生に不安を感じていたとき、友人から整体師の学校のパンフレットをもらいました。

資格、技術を身につけたいと思っても30代になっていたし、時間とお金もありません。でも、踏み出さなければ現状は何も変わらない！　そう思ってなけなしの貯金をはたいて入学しました。
するると、新しいことを覚える楽しさと、同じ目標を持った友達ができたことで、今までの不安の毎日が希望の毎日に変わりました。そして、嫌なはずのパートが、目標を叶えるための資金を稼ぐ場所に変わり、バカにされても冗談で言い返せるまでになり、仕事もはかどるようになったのです。

このときの「思考の変化が行動の変化になる」という経験は、それからの人生にとても役立っています。**起こっている現象は同じなのに、思考が変われば物事の感じ方が変わり、行動も変わっていく**のです。

この「思考が変われば行動が変わる」ということは、コミュニケーション力を高めるときにおおいに役立ちます。

私がスクールで、施術者を目指す多くの生徒と話をしていると、結構な割合で「人見知りです」という方がいます。なかには、人とコミュニケーションをとるのが苦手なのでこの仕事を選んだという方もいます。施術者は黙々と施術をするもの、というイメージなのだそうです。

これには驚くばかりか、心配になってしまいます。そんな思考のままでは、コミュニケーション力を高めるのは難しいでしょう。その人の施術者イメージは「コミュニケーションをとらなくてもいい」というものなのですから。

たとえば、コミュニケーションをとろうとしない方は、「施術者は黙々と技術だけを提供する仕事」という思考になります。

施術院を開業して、たくさんのお客様に通ってもらいたい。自分の施術院を繁盛院にしたい。そう思うのなら、今日から「**自分は人見知りではなく、コミュニケーションができる施術者**」という思考に切り替えてください。そして、技術力で身体をほぐすだけではなく、コミュニケーション力で心も一緒にほぐせるようになると考えてください。

自分はコミュニケーションができる施術者。そう思ったら、「いかに技術を高めるか」が中心だった考えが、「いかにお客様に喜んでいただけるか」に焦点が移ります。行動一つひとつを変えるのは、はてしなく際限のない作業に感じますが、考え方を変えて焦点を変えると、その際限のない遠い作業のように感じていたことが、不思議なくらいに簡単に思い浮かぶようになります。

この切り替えを知らなかった頃の私は、壁にぶつかるたびに誰かの真似をして、自分の行動だけを変えていました。しかし、思考は何も変わっていないまま行動だけを変えるので、心がついていかなくなるのです。ですから結局、長続きしません。

でも、この考え方から変える方法を知ってからは、徐々に自分が行動するべきことが浮かんでくるようになりました。

ぜひ、繁盛院に不可欠なコミュニケーション力を高めるために、脳へ刷り込んでください。「自分は、コミュニケーション力を高めることで繁盛院をつくる施術者」だと。

テクニックだけを真似しようと思っても、いつか無理が出てしまいます。思考が変われば自然と言葉や行動が変わっていき、無理なくやり続けられるようになるでしょう。

本章では、お客様にリピートしていただくために、普段からどのような思考で考え、それをどうやって行動に移していけばいいかをお伝えしていきます。

HINT

コミュニケーション力を上げるのも下げるのも思考しだい。

2

対人コンプレックスを取り去る「鏡の法則」

「コミュニケーションが苦手」という施術者は、案外多いです。そういう方は、接客業は向いていないから手に職をつけて働きたいと思っているようです。

でも、人とコミュニケーションをとるのが苦手だといって、施術者が触っているのは機械ではありません。向き合う相手は「人」です。しかも、つらさを訴えている人です。「そんなのわかっているけど、それができないから苦手なんだよ」と思っていたら、ぜひ試してほしいことがあります。

それは対人関係を築くときに、私がやってきてうまくいった方法で、まず**相手に望む態度を自分からとる**ということです。

お客様にニコニコしてほしければ、自分からニコニコします。

優しくしゃべってほしければ、自分から優しく話します。


お客様は鏡です。自分の姿が映ります。

自分が調子悪そうに低いトーンで話せば、お客様も暗く不安な顔になるでしょう。機嫌が悪く吊り上がった目で対応すれば、クレームになってしまうかもしれません。

私は、お客様には笑顔で帰ってほしいと思っているので、お迎えするときからお見送りするときまで、終始笑顔です。外から見えるところに立つときも、誰も見ていなくても口角を上げて笑っているように見える顔をつくります。

毎日毎日やっていると、習慣になって意識しなくてもできるようになります。いきなり饒舌になるのは難しいですが、この「鏡の法則」を使って、お帰りになるお客様が笑顔で「気持ちよかったです」と言ってくれたら、対人コンプレックスも人見知りも、解消できそうではありませんか？


あなたにとってお客様とは、どんな存在ですか？

大切な人？　お金を運んでくれる人？　文句を言う人？

いろいろなお客様がいらっしゃいますから、いろいろな答えがあると思います。

でも、大切な人と思って接していると、丁寧な態度が出ます。お金を運んでくれる人と思って接していると、営業トークに陥りがちです。文句を言う人と思って接していると文句を言われないように上辺だけの言葉になります。

私は「**また来てくれる人**」と思うようにしています。

そう思うことで、また来てもらえるように誠心誠意、施術をするようになるし、「次回には、こんなことをしましょう」と提案もできます。

「このお客様、機嫌悪そうだし、もう次はないな」と思って接すれば、確実に次はありません。逆に、「このお客様、機嫌悪そうだな。でもまた来る人だから仲良くなりたいな。どうやったら仲良くなってもらえるかな」と思えば、行動は変わってきます。

くり返しますが、お客様は鏡です。仲良くなりたければ、自分から近づくのです。

仲良くなりたい相手なら、次々にいいところが見えてきます。いいところが見えたら、会話中にほめてみてください。

「素敵な色のバッグですね。今の季節にピッタリ」
「今流行りのダイエットシューズですね。○○さん、情報早いですね」
「○○さんの腕の筋肉かっこいいですね。鍛えているんですか？」
「○○さんいい匂いがしますね。どんな柔軟剤使っているんですか？」

いいところが見えたら、躊躇せずにほめることが大切です。

接客トークと考えるとなかなかできないことでも、本当に自分が感じたことならば、自然にお話しできますよね。

お世辞ではないな、ということは相手にもちゃんと伝わります。これでお客様との距離が近づき、「また来てくれる人」になっていただけるはずです。

HINT
お客様は「また来てくれる人」。

3

「いかに来ていただくか」より「いかに帰っていただくか」

「いかに来ていただくか」という思考だと、「割引をしたらどうだろう」「クーポンを出したら来てもらえるだろう」と、「とにかく来てもらう」という発想になります。

しかし、「**いかに帰っていただくか**」という思考だと、「どうすれば気持ちがいいと思って帰ってもらえるか」「何をすれば笑顔になって帰っていただけるか」という発想になります。

お客様に来ていただくという現象は同じでも、思考が違うと、発想そのものが変わってくるのです。そして、結果も変わります。

「気持ちがいいと思っていただくために何をしよう」「笑顔になっていただくために何をしよう」という発想が叶ったときには、お客様も満足していただけているはずです。

私はそれに気づくまで、客足が鈍ると、「いかに来ていただくか」ばかりを考えていました。割引をすれば粗利が減るのがわかっていても、安いほうが来ていただけるだろう、たとえ粗利が減っても来ないよりはまだまし、という発想しか出てきませんでした。

ちょうどそんなとき、ある地元経営者の先輩に紹介していただいたセミナーに参加しました。

日本商店会が主催するそのセミナーでは、全国の商売人が自分の失敗や成功の話をしていました。その中のおひとりのお話で、「いかに帰っていただくかを考えるようになったら、焦らなくなった」という内容がとても印象深く、雷にでも打たれたかのような衝撃を受けました。

私は家に帰ると早速、お客様に「いかに帰っていただきたいか」を箇条書きにしました。

- **笑顔になって帰っていただきたい**
- **元気を取り戻して帰っていただきたい**
- **身体がスッキリして帰っていただきたい**

・背筋を伸ばして帰っていただきたい
・ポカポカになって帰っていただきたい

次に、「これを叶えるために、何をしたらいいか」を書き足しました。

・笑顔になってもらうためにずっと笑顔で接しよう
・元気になってもらうために施術中、前向きな声かけをしよう
・身体がスッキリしてもらうために疲れた筋肉をしっかりほぐそう
・背筋を伸ばしてもらうためにストレッチの研究をしよう
・ポカポカになってもらうために指先まで血行を促そう

すると、このように具体的な行動が決まってきました。

「いかに帰っていただくか」を考え続けることで、「お客様にどうなってほしいか」が具体的に浮かぶようになります。そして、それを叶える行動をし続ければ、お客様満足度は上がり、「また来たい」お店として通っていただけるようになるでしょう。

図9 WORK お客様にいかに帰っていただきたいか？

Q1. お客様にいかに帰っていただきたいか？

（例）
- 笑顔になって帰っていただきたい
- 元気を取り戻して帰っていただきたい
- 背筋を伸ばして帰っていただきたい

↓

Q2. それを叶えるために、何をしたらいいか？

（例）
- 笑顔になってもらうためにずっと笑顔で接しよう
- 元気になってもらうために施術中、前向きな声かけをしよう
- 背筋を伸ばしてもらうためにストレッチの研究をしよう

来ていただいたお客様に満足してもらい続ければ、必ずリピートにつながり、繁盛へとつながります。
この「いかに帰っていただきたいか」を書き出すワークで、早速今日から、お客様に「いかに来ていただくか」ではなく「いかに帰っていただくか」という思考に切り替えてみてください。

HINT

お客様にどんな気分で帰っていただきたいですか？

4 「パーソナルスペース」と「パーソナルワード」

人にはこれ以上近寄ってほしくないスペースがあります。これが、46ページでもお伝えした「パーソナルスペース」です。

パーソナルスペースは、相手によって大きくも小さくもなります。

初対面のとき、このエリアは大きいはずです。そして親近感が増すと、小さくなっていきます。

私たちは、初対面からお客様の身体に触らなければなりません。お客様の、これ以上近寄ってほしくないエリアが大きければ大きいほど、パーソナルスペースに踏み込まれたお客様は違和感の大きいまま施術を受け続けることになります。

では、初対面のときの距離感は、どのようにとったらいいでしょうか。

私は、初対面のお客様には1ｍほど距離をとって立ち、この上ない笑顔でお出迎えをします。そして、問診のときはベッドに座っていただき、私は斜め前に片膝をついて座ります。満面の笑みで名刺を渡し、しっかり目を見ながらこう言います。

「今日はご来店ありがとうございます。○○様のおつらいところをしっかりほぐさせていただきますね」

これで、だいぶスペースは小さくなっています。

次に、つらいところを聞きながら、少しその部分に触れます。「この辺ですか？　押されてどうですか？」などと聞くことで、お客様の意識は身体のつらいところを探そうとするので、初対面の人に触られているという感覚は薄れます。一度触られているので、改めて施術を開始しても違和感はだいぶ小さくなっていると思います。

逆に、何度も来てくださっているお客様は、ほとんどスペースを感じていません。つまり、いきなり「こんにちは！」と、パーソナルスペースに近づき、握手を求めても大丈夫。

私の場合は、お出迎えのときに「今日も肩こっちゃったんですね」と、後ろから肩を揉ん

図10 ◆ パーソナルエリアと信頼関係

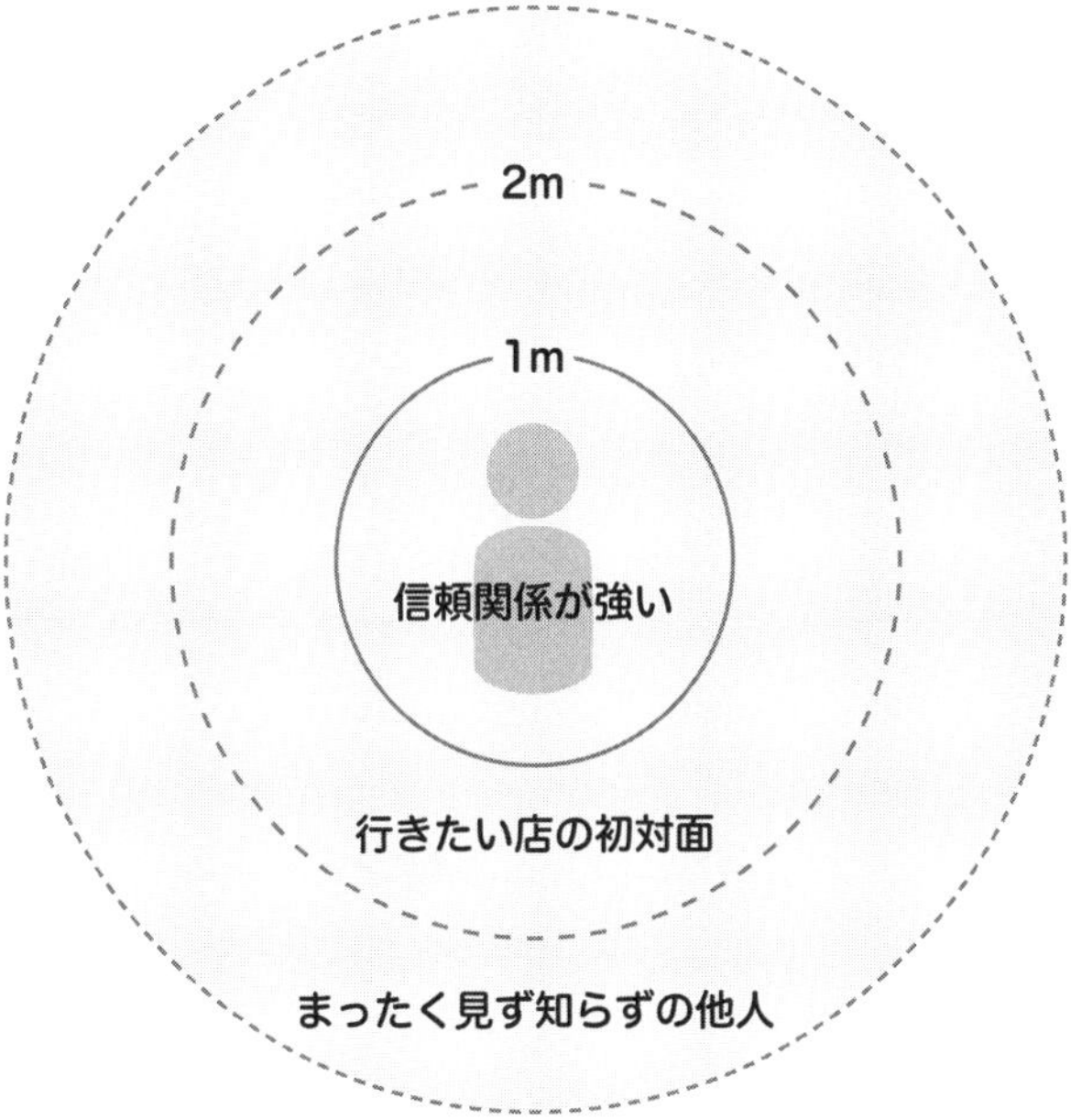

人見知りの方はエリアが広い傾向。
あなたは初めて会う人とどこまで近づけますか？

だりするなど、常連のお客様には積極的に距離を縮めるようにしています。

常連のお客様に1m以上の距離感で接すれば、親近感はいつまでも持ってもらえません。あくまでも初対面では徐々に近づき、2回目、3回目と回を重ねるごとにスペースを感じない関係を築いていけるといいと思います。


これの言葉版が、「**パーソナルワード**」です。

接客をする以上、基本は敬語ですが、お客様に発する言葉にも許容範囲はあります。初めてのお客様にタメグチはありえませんよね。

固すぎず、柔らかすぎず、お客様のパーソナルスペースに合った言葉を選ぶようにしましょう。


このパーソナルエリアとワードを上手に使い分けられると、早い段階で仲のいいお客様が増えていきます。お客様心理として、仲のいい施術者がいる店のほうが安心して行きやすく、他店に行きづらくなります。

2回目からは、常連客として距離感の縮まった接客だと、うれしく感じていただけるようです。

一方で、急に距離を縮めようとすると、逆に抵抗を感じさせてしまうこともあります。そんなときは、焦らずに、「お客様はまた来てくれる人」と考えましょう。

まずは「今日、いかにお帰りいただくか」を考える。お客様には笑顔になってお帰りいただきたいから、まずは最高の笑顔でお出迎えしよう。そして、居心地がいいところと感じてお帰りいただきたいから、親近感を持っていただく会話をしよう……。

こんなふうに、「コミュニケーション脳」を習慣づけて、無理なく自然にお客様との距離が縮めていきましょう。

HINT

いくら常連客でも、パーソナルエリアは0にはならないことを忘れずに！

5 手は口ほどに物を言う

手というのは、本当に不思議です。キャリアの長い方は感じていると思いますが、人数をこなせばこなすほど、指先の感覚が鋭くなってきます。

私はこの現象を「**手に目がつく**」と言っています。

たとえば、お客様が望むポイントから外れていくと、自然とそのポイントに手が引っ張られるような感覚になります。お客様には「何でわかるの？　何も言ってないのにそこそこ！　っていうところをやってくれるんだよね」と言っていただけます。

私は、相手の身体と手を通して会話ができるような気がしています。きっとこれは、今目の前にいる相手を心から大好きになって、心から心配していて、何とかしてあげたいと念じながら施術するからかもしれません。

逆に、お客様から「先生、今日調子悪いの？」と言われてしまうこともあります。いつものようにしていても、手を通して相手に何かを伝えてしまうのかもしれません。手は、自分のコンディションを相手に伝えてしまうものなのです。

スポーツ選手が、精神的な動揺がパフォーマンスに影響するのと同じように、私たちの手は、今の自分の内面の影響を受けてしまいます。

私は、自分の手は優しく頼りがいのある手でありたいと思っているので、内面を優しく頼りがいのある状態にするために、毎日やっている習慣があります。

・思考に気をつけなさい、それはいつか言葉になるから。
・言葉に気をつけなさい、それはいつか行動になるから。
・行動に気をつけなさい、それはいつか習慣になるから。
・習慣に気をつけなさい、それはいつか性格になるから。
・性格に気をつけなさい、それはいつか運命になるから。

これはマザー・テレサの言葉です。私はこの言葉を手帳にはさみ、仕事前に必ず読むようにしています。優しく頼りがいのある手であるために、優しく頼りがいのある思考を持つ、という習慣です。

この章でお伝えしたように、思考を切り替えることで優しい言葉を使うようになり、優しい行動になり、いずれ優しい人格がつくられます。それは、お客様から信頼される施術者の行動にもつながっていくでしょう。

HINT

思考がすべての行動をつくり出す。

6章

コミュニケーションを生み出す店内・販促の工夫

1 信頼を生む店内づくり

繁盛店には、お客様とのコミュニケーションが欠かせません。お客様に安心して通っていただくための要素として、そこにいる「人」が信頼できるかどうかは、一番大切なことです。

しかし、どんなに信頼できる人がいる場所だとしても、天井にクモの巣が張っていたり、ベッドの足がホコリだらけでは居心地がいい場所、リラックスできる場所とは思っていただけません。

私は、**「お客様に居心地のいい空間を提供すること」、これもコミュニケーションのひとつ**ではないかと考えています。

どの業種でも、お客様をお迎えするお店として、清潔感は不可欠なものです。特に私たちはお客様の身体に触る仕事ですから、清潔感にはなお一層気をつけなければなりません。私の店では施術者が制服になっていますが、これも清潔である象徴として白に近い色を選んでいます。当然、汚れが目立つ色ですから、自然と清潔感に神経がいきます。

大切なお客様に気持ちよく帰っていただくためには、人も空間も清潔なのは当たり前。清潔感が整ったら、そのうえで、さらに居心地のいい店内づくりをしましょう。

何度も通ってくださるお客様にとって、いつ来ても同じ空間では飽きてしまうということもあります。そこで、季節などに合わせたイベントをするのもひとつのアイデアです。

また、チラシやPOP、アンケートなど、工夫ひとつでお客様とのコミュニケーションのきっかけを生むことができます。接客が苦手な方は、ぜひヒントにしてください。

6章では、私が実際に取り組んでいる店内づくりのポイントをお伝えしていきます。

まずは、店内の空間づくりについて、ご紹介しましょう。空間づくりと一言で言っても、ポイントはとてもたくさんあります。

◇**動線**

最も重要なのが、店の「動線」です。家具の配置や通路の配置によって、まずは自分の行動効率が上がります。また、来店からお帰りになるまでお客様が動きやすい流れがあると、それに沿ってチラシを置いたり、ＰＯＰを貼ったりすることで、目にとめていただきやすいという利点があります。

いい動線をつくるコツは、**お客様の気持ちになって、入店↓スリッパを履く↓問診↓ベッド施術↓休憩↓会計↓お帰り、という流れに合わせて自分で動いてみる**こと。すると案外、見た目や好みで家具が置いてあり、動線がスムーズに流れるようになっていないことに気がつくことがあります。一度、お客様になったつもりで自分の店の中を歩いてみてください。

◇**季節に合わせたBGMとアロマの香り**

何度も通ってくださるお客様にとって、変化のある店内は楽しみとしてとらえていただけます。そこで、私の店ではＢＧＭと香りを変化させ、**季節を感じていただけるように工夫**をしています。

音楽は何でもいいわけではありません。私は施術中、リズム感を大切にしているので、BGMによって施術のスピードが変わってしまうことがあります。ですから、お客様も施術者もリラックスできるような癒しの音楽を選ぶようにしています。

たとえば、若いお客様が多いお店なら明るいポップス、お年寄りが多いお店なら、落ち着いたクラシックなど、お店のイメージに合わせたBGMを選びましょう。

香りもとても大切にしています。基本的には癒しの代表とも言えるラベンダーを使っていますが、季節によって春・夏はさっぱり柑橘系、秋・冬は暖かなウッド系を使うこともあります。これも音楽と同じで、お客様も自分もリラックスできるものがいいと思います。ただ、香りは好き嫌いがはっきり出ますので、あまりきつくならないように注意しましょう。ほとんどの場合、お客様は施術中に目を閉じています。すると、視覚以外の感覚が敏感になるので、匂いや音に対する反応が強くなることがあります。

せっかくのリラックスを邪魔してはいけないので、香りは万人受けするものがいいと思います。

◇季節に合わせてスリッパを新調

お客様が店内に入って一番最初に気になるのがスリッパです。なかには黒ずんでいたり、すり減っている店がありますが、夏は裸足でスリッパを履く方もいることを考えると、そのようなスリッパに足を入れるだけで不快感を抱いてしまいます。ですから、私の店では季節に合わせてスリッパを新調しています。

気功などでは、足からは悪い気が出ると言われています。疲れてご来店される方がお客様ならばなおのこと、足を入れるスリッパには気を使いたいものです。店を閉めたら毎日、除菌スプレーをお忘れなく。

◇玄関・店内に観葉植物を置く

緑は癒しの色です。見るだけでもホッとしますし、ディスプレイとして部屋を明るい雰囲気にしてくれるので、私は新芽が出ると株分けをしてどんどん増やしています。その他、空気の清浄効果や乾燥対策としても重宝します。

観葉植物は「いい気」が流れているところでは活き活きするし、「悪い気」が流れるところでは枯れてしまうそうです。観葉植物が元気のないときは「いけない、いけない。気

図11 ◆ 色や照明など、イメージを統一させた店内

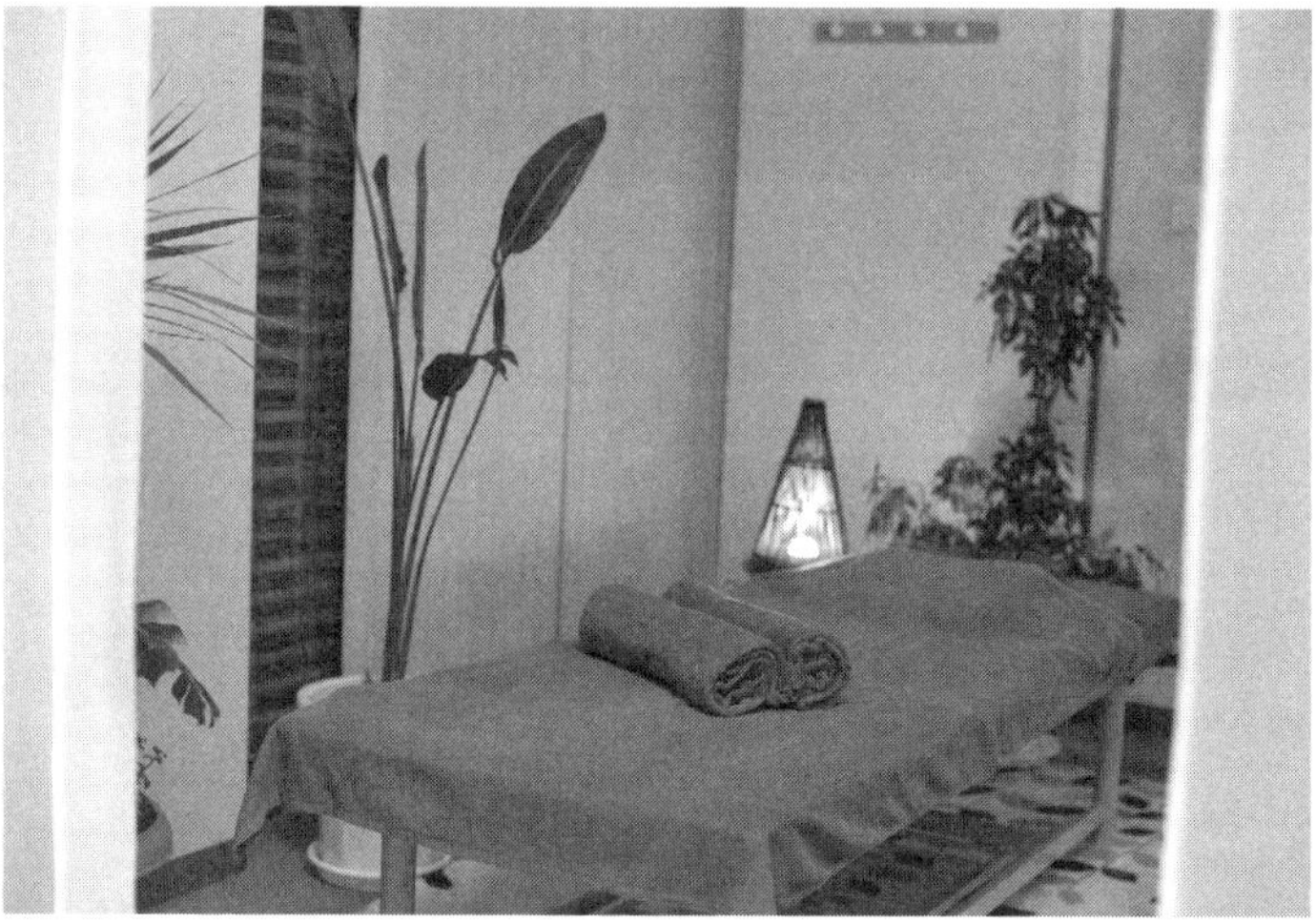

落ちしてちゃ、お客様を元気にできない」と気づかせてもらうこともあります。

◇照明は明るすぎず、暗すぎず

ストレスを抱えている。夜が眠れない。そんな疲れのピークを迎えたお客様もいらっしゃいます。そのようなときは、自律神経が「交感神経優位状態」です。

交感神経が優位のままでは筋肉も緊張して、ほぐれるものもほぐれません。店内の照明にも配慮しましょう。

蛍光灯の光は交感神経を刺激しますので、リラックスを促す場所には向かないかもしれません。

だからと言って、足元も見えないほど暗

くては、逆に不安になってしまいます。程よく柔らかい明るさが演出できるように、私の店では間接照明をたくさん使っています。観葉植物と同じようにディスプレイとして雰囲気づくりに役立ちます。

照明は、**統一感を大切にして選ぶ**ことをおすすめします。

◇床・カーテン・タオル類・店ロゴまで色を統一

私の店のイメージカラーは若草色と茶色です。床は茶のタイルカーペットを敷き、カーテンを若草色にしています。ベッド周りで使うタオル類は茶色、チラシや名刺、ロゴも若草色と茶色に統一してあります。

これは店のイメージを色で覚えてもらうためです。落ち着きのある癒しの空間をお客様に想像してもらい、疲れたとき、**この色を目にしたら私の店を思い出してもらいやすくするる**のです。

自分の店をどんなふうに見てもらいたいかで決めるのも、ひとつの方法です。元気のいい店と思われたければ、ところどころに黄色やオレンジなどを使うといいかもしれません。清潔感のある店と感じてほしければ、白や青がおすすめです。

ただし、元気よく見せたいからといって原色ばかりの目がチカチカしてしまう色合いは、私たちの業種には向きません。ここに来るお客様は、皆さん疲れていたり、つらさを抱えている方です。元気すぎると圧迫感を感じてしまうかもしれません。

◇お会計の前にコーン茶を

私の店では、お会計前に「コーン茶」をお飲みいただいています。施術後の老廃物を流していただくことが目的ですが、その他にもお茶をお飲みいただく理由があります。それは、長い時間、横になって圧をかけられた後、急に動いて貧血を起こすのを防ぐためです。また、血液が全身に勢いよく流れはじめると、じわ～っと身体が温かく、気持ちがよくなり、このままボーッとしたいような余韻の時間が訪れます。

このとき、お客様は「**やっぱり来たほうがいいんだ。こんなに気持ちよくスッキリするんだから**」と考えている時間です。施術の間にきちんとクロージングができていれば、ここではご予約をとる時間になります。

私がコーン茶を選ぶまでには中国茶、ハトムギ茶、ルイボスティーなど身体にいいお茶をいろいろ試してみましたが、成分や期待できる効果が気に入ってコーン茶にしました。

図12 ◆ コーン茶の効用をお伝えするPOP

美容と健康に！香ばしい香りとほのかな甘味

＜＜コーン茶とは＞＞

コーン茶は、大粒のとうもろこしを焙煎したもので　こうばしい香りとほのかな甘味が特徴です。韓国では食後などに日本の麦茶のような感覚で飲まれているお茶です。
また、コーン茶には利尿作用・発汗作用を高める効果があるといわれています。
美容と健康・便秘解消にも良いといわれておりますので、女性やお子様におすすめです。

★コーン茶の効用★

利尿作用（カリウム）
コーン茶に含まれているカリウムには利尿作用を高める働きがあり、冷え性・妊娠中毒症むくみの気になる方におすすめです。また、コーン茶は本来保温効果がありますので、暑いときやお風呂上がりなどに冷やして飲んでも急激に体温を下げることがなく、冷え性の方にも安心してお飲みいただけます。

便秘解消　(食物繊維)
コーン茶には水溶性の食物繊維が多く含まれており、これはコレステロールを抱き込んで排出する作用があります。そのため便秘解消に効果的です。

貧血・妊娠中の方へ（鉄分）
とうもろこしは穀物の中では鉄分を一番多く含んでいます。鉄分は血液を作るために不可欠なので、貧血の方におすすめです。また、コーン茶にはコーヒーや紅茶に含まれるカフェインやタンニンが含まれていないので妊娠中の方や小さなお子様が飲むお茶としても安心で最適です。

カルシウムの吸収（リン）
とうもろこしには、カルシウムの吸収を助けるリンが多く含まれています。カルシウムは単独で摂取しても体に吸収されません。コーン茶に含まれるリンは、このカルシウムの体内吸収を助けますので、成長期のお子様にもおすすめです。

勉強・お仕事の合間に（脂肪酸など）
コーン茶の良質な脂肪酸、ブドウ糖、グルタミン酸などは、脳のはたらきを高めてくれる成分です。しかも温める保温効果があるので、お仕事・勉強の合間にお夜食のお供としてホットでもアイスでも最適です。

美容にも
とうもろこしはビタミンＥとリノール酸が豊富です。ビタミンＥはお肌の衰えや体内の酸化を抑える働きがあるといわれています。
酸化は老化の元になるので、これを抑えるビタミンＥを含むコーン茶は美容やアンチエイジングに最適です。

毎日の憩いのお供に。毎日の水分補給に。お茶にこだわってみてはいかがですか。

カフェインが入っていないので、子どもからお年寄り、妊婦さんでも飲めるということも、決めた理由のひとつです。

飲んで気に入って店販品として買って帰る方や、わざわざこれを買うだけのためにご来店するお客様もいるほど、今では人気の商品です。

せっかくお出しするのですから、自分でいろいろ試して、味や効果などこだわってみてください。

HINT

居心地のいい空間は癒しの空間。

2 お客様との距離が縮まる「イベント」

店をどれだけ気に入っていただけているとしても、お客様が飽きてしまわないように日々工夫が大切です。私の院では、信頼度の高い、いいイメージを更新していく方法として、イベントを企画・開催しています。

イベントは、常連のお客様が飽きてしまわないようにするためだけでなく、パーソナルスペースやパーソナルワードを狭めてくれて、お客様との距離を縮めるのにとても好評です。イベントを通して、店やスタッフへの親近感が生まれ、「行きやすい場所」というイメージを持っていただけるようになるでしょう。

店内で行なうイベントは、いつもの施術や接客とは一味違ったコミュニケーションが図れますし、店外で行なうイベントでは、まだ店の存在を知らない地域の方に「あそこに、こんなに楽しい店があるんだって」と認知していただくのに、とても有効です。

イベントづくりの大切なポイントは、**やる側が楽しむ**ということです。

自分たちがイベントを楽しむことで、**「明るく楽しい店」→「明るく楽しい人がいる店」→「居心地のいい店」→「入りやすい店」**というイメージを持っていただけます。

ですから、いかに自分が楽しめる内容のイベントを考えるかが、とても大切なポイントになるのです。

その他、自分の店が行なうイベント以外に、地域で行なわれるイベントに参加したり、自治会や地域に協力をするということも大切です。

当店でやっている、イベントの取り組み例を3つご紹介します。

◇季節に合わせたイベント

バレンタインには、カゴいっぱいにチョコを入れ、期間中、お客様全員にプレゼントをします。コストがかからないように大袋のもので十分だと思います。

でも、ここでひと工夫。色違いや形の違う大袋のチョコレートを小さな透明の小袋に5

個ずつ入れて、100円ショップで買ったキラキラのモールで口を縛る。これだけでプレゼント感がアップします。

ハロウィンには、ガイコツのキャラクターを店内に隠し、見つけた人にはお菓子をプレゼントします（お客様と一緒に宝探しをするので、親近感につながります）。キャンペーンに合わせた店内ディスプレイを考えるのも、楽しい雰囲気を醸し出すコツです。

◇お客様のお誕生日イベント

常連のお客様がお越しになるときにはカルテで確認をしますよね。もし今日がお誕生日、あるいはお誕生日の前後だったら、スタッフ全員でクラッカーを鳴らしてお出迎えをしたり、小さなプレゼントをします。

誕生日は特別の日です。そんな日に店に来てくださったのですから、何もせずにはいられませんよね。

◇チケットキャンペーン

年間を通して売上の下がる時期には、チケットキャンペーンをします。当院ではお客様

図13 ◆ チケットキャンペーンのPOP

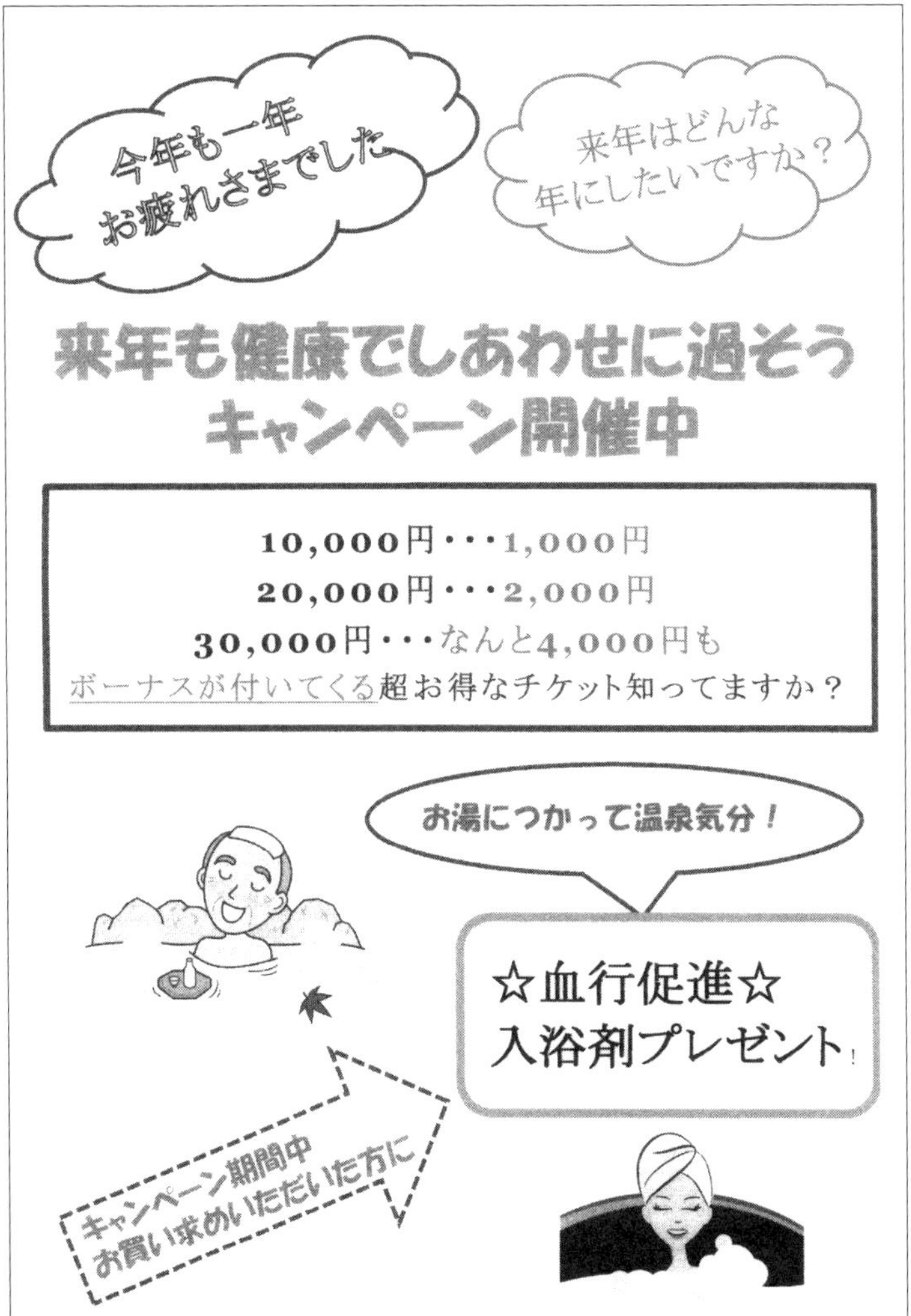

がお得に通えるチケットをつくり、購入していただいているのですが、年に1～2回、さらにお得なプレゼントをつけて販売しています。

お財布の中にチケットを入れておいていただくことで、当院のことを思い出していただくきっかけが増える効果があります。

◇地域のためのセミナーを開催する

当院では、老人会での無料健康セミナーを開催しています。

開催の手順としては、まずは常連のお客様に地元の老人会の会長さんが誰なのかを聞くところからはじまります。そして、連絡先をお伺いし、朝か夕方に直接お電話をします。

電話はあくまでもアポをとるためで、必ず直接会ってくわしい話をしたほうがいいでしょう。笑顔で一所懸命、話をして、なかなか元気のいい奴だなと気に入ってもらえれば、地元のとりまとめ役的な方々がきっといろいろと協力してくれます。

会場は地域の公民館などがベストです。老人会でも使い慣れているので敷居が低く、たくさんの方に集まっていただきやすくなります。畳の部屋がある施設だと、寝転がってやる運動などにも最適です。

図14 地域の方を集めたセミナー風景

また、小学校のＰＴＡ向けの健康セミナーも好評です。

これも常連のお客様にＰＴＡ会長さんのお名前を聞くところからスタートします。老人会よりも開催させていただくまでにハードルがいくつかありますので、常連のお客様が同じ学校のＰＴＡの方など、直接紹介していただけると、話がスムーズにいくでしょう。

どちらのセミナーも、事前にタイトルと簡単な内容をまとめた資料はあったほうがいいでしょう。内容をいくつか提案できるように資料をつくり、どのようなセミナーにするかを相談します。

私が提案した一例として、老人会向けに、

・風邪を引かないための血行促進

・寝たきりにならないための足腰運動

・ボケないためのツボ押し

PTA向けに、

・インフルエンザに負けない身体づくり

・親と子どものうんちの話

・お母さんのための骨盤体操

などを提案しました。

このセミナー活動は、「地域の健康管理に貢献する」という、自分が整体師になったときからの目標を達成するための取り組みでもあります。

地域に貢献したいという思いが伝わったのか、ありがたいことにそのセミナーの参加者や、そのご家族がお客様になってくださっています。

◇地域の祭りへの差し入れ

地域に愛されてこそ、商売がうまくというものです。私たちは、地域のイベントにも積極的に協力するようにしています。ささいなことですが、お祭りや行事のときは、店の周りだけではなく、少し大きな範囲でゴミ拾いをしています。

また、お祭りの準備をしているのを見かけると、差し入れのジュースを持って行きます。そのときには、必ず院のパンフレットを添えて行きます。営業というよりは、「この地域の皆様にご愛顧いただいて商売ができています。ありがとうございます」という差し入れなので、「どこの誰から」ということを名乗る意味でお渡ししています。

HINT

イベントでお客様との絆を深めよう。

3 お互いがうれしくなる「アンケート」

私の店では定期的に、お客様アンケートにご記入いただくようにしています。

接客にしても掃除にしても、毎日同じことをくり返していると、どれだけ気をつけていても見えない問題が出てきてしまいます。それを時々、お客様の目線で正していただくためのアンケートです。

項目の選択としては、自分が大切にしていることをチェックしてもらう内容にするといいと思います。

まずは「人」について。

・担当者の清潔感はいかがでしたか

・担当者の挨拶はどうでしたか
・担当者の笑顔はどうでしたか
・望む施術ができていましたか
・問診ではちゃんと聞き取りができていましたか

次に「空間」について。

・店内の雰囲気はいかがですか
・駐車場、店内の清潔感はいかがですか

それぞれを「感動・良い・やや良い・普通・やや不満・不満」の6段階に分け、簡単に答えられるように◯をつけて評価してもらう形式にしています。そして最後に、自由にコメントできる欄を設けています。

提供する側には見えないことでも、お客様からは見えているということが必ず出てきます。同じ店での営業期間が長くなればなるほど、その数は増えていくと思っています。

図15 ◈ お客様アンケートの例

お客様アンケート

本日はご来店頂きましてありがとうございます。
お客様に満足していただける店を目指すために
ご意見、ご要望などお聞かせください。<お客様相談室行>

◇本日ご来店のきっかけは？　○をつけてください。　（複数可）

ＨＰ	Hotpepper	栃ナビ	看板	雑誌	知人の紹介
家が近いから	好きなコースがあるから	クーポンがあるから			

◇いかがでしたか？

■お店の雰囲気

感動	良い	やや良い	普通	やや悪い	悪い

■お店の清潔感

感動	良い	やや良い	普通	やや悪い	悪い

■担当者のあいさつ

感動	良い	やや良い	普通	やや悪い	悪い

■担当者の笑顔

感動	良い	やや良い	普通	やや悪い	悪い

■施術の力加減

感動	満足	やや満足	ちょうど良い	やや不満	不満

■問診・聞き取り、施術中のお声かけ

感動	多い	やや多い	ちょうど良い	やや少ない	少ない

◇その他ご意見、ご感想などがございましたらどうぞお聞かせください。

心配りが良かったです

◇よろしければお名前のご記入をお願いします。　（匿名可）

お名前	鶴見	ご利用コース	
ご来店日時	9月 29日	AM・PM	7時頃

貴重なご意見をいただきましてありがとうございました。

現在、私は店内にいるよりもスクールにいることが多いので、店内に入ったときはなるべくお客様が座る椅子に座り、お客様と同じようにベッドに横になってみます。それだけでも足元のホコリや糸くずが目につくのですから、やはり目線が違うと見えるものが異なる、ということですね。

スタッフにも時々、「お客様と同じ目線で、椅子に座って店内をぐるっと見回してごらん」と言います。また、ずっと同じ室内にいると、外から来るお客様の体感温度がわかりません。ですから、「時々は外に出て、そこから入って来たときの室温を感じてみて」ともアドバイスしています。

いずれにしても、こちら側の目線では気がつかないことを、特に自分では気をつけているつもりのことをチェックしてもらう意味でも、アンケートを定期的に、特に新規のお客様にお願いするのは、もっと居心地のいい店づくりをするために効果的です。

なお、せっかく書いていただいたコメントをそのままにするのは失礼なこと。でも、匿名で書いていただくと、誰が書いたアンケートかわからなくなってしまいます。

そこで、来店時間を書く欄をつくります。すると、誰がこの時間に来たかが予約票などからわかるので、その方に向けた返事を書き、店内の壁に貼り出しています。お忙しい中、施術が終わって余韻に浸っている中、コメントまで書いてくださった方にはイニシャルで問いかけるようにお返事をしています。その一部をご紹介します。

「8年間くらいずっと利用しています。いつも私の痛いツボをぴたりと当てていただいて感謝しています。これからもずっとよろしくお願いします。」

返信⇩

「Y・M様　長い間、ずっと信頼して通っていただきまして本当にありがとうございます。これからもスタッフをビシビシお好みの施術者に育ててくださいね！　こちらこそ末永くよろしくお願いします。」

「とても気持ちよかったです。ありがとうございました。」

返信⇩

「J・N様　遠方からのご来店、ありがとうございます。おほめの言葉をいただけて本

図16 ◆ 相方向のコミュニケーションになるアンケート

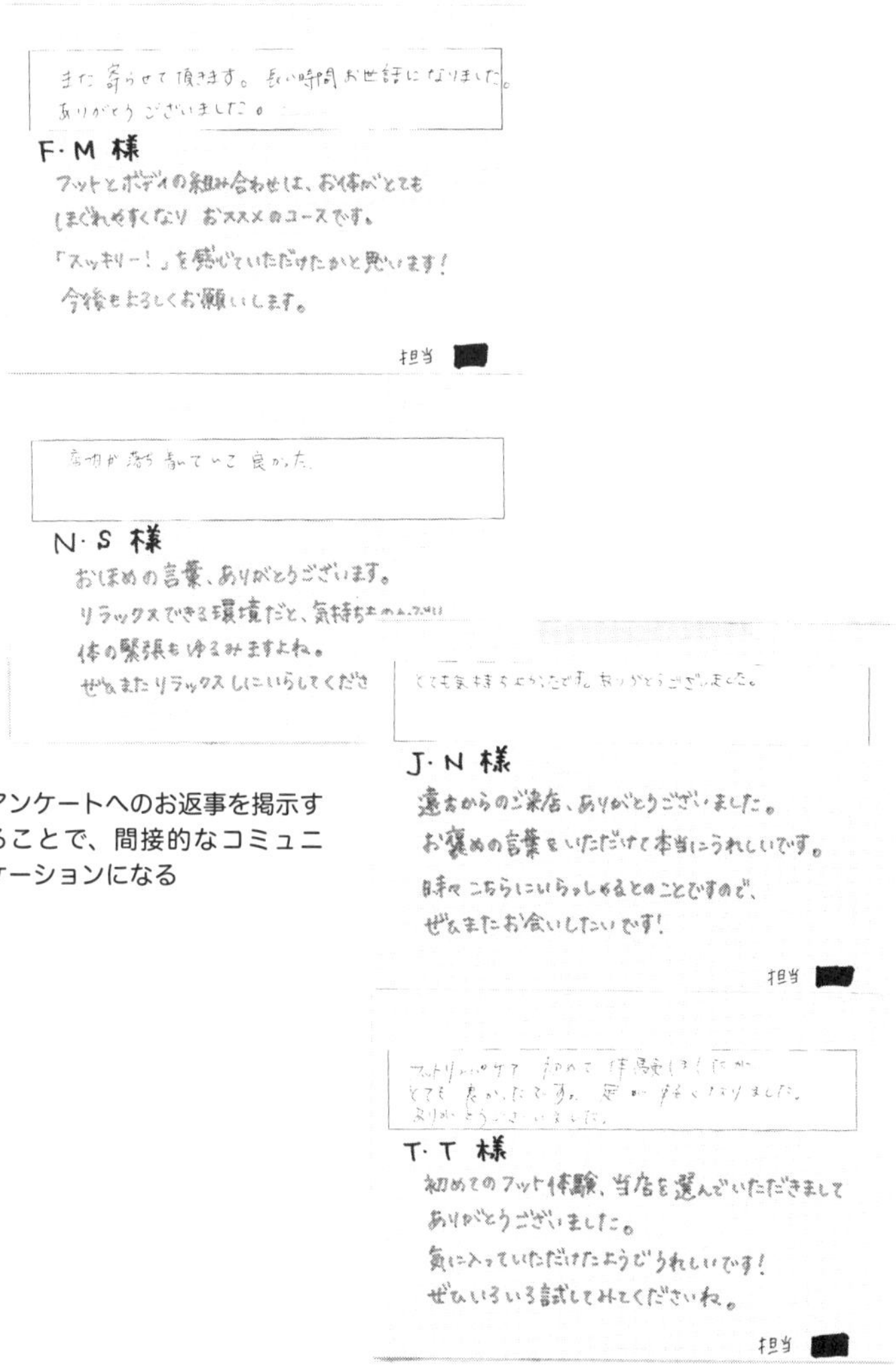

また寄らせて頂きます。長い時間お世話になりました。ありがとうございました。

F・M様

フットとボディの組み合わせは、お体がとてもほぐれやすくなり おススメのコースです。

「スッキリー！」を感じていただけたかと思います！

今後もよろしくお願いします。

担当 [redacted]

雰囲気が落ち着いていて良かった。

N・S様

おほめの言葉、ありがとうございます。

リラックスできる環境だと、気持ちものんびり

体の緊張もゆるみますよね。

ぜひまたリラックスしにいらしてくださ

とても気持ちよかったです。ありがとうございました。

J・N様

遠方からのご来店、ありがとうございました。

お褒めの言葉をいただけて本当にうれしいです。

時々こちらにいらっしゃるとのことですので、

ぜひまたお会いしたいです！

担当 [redacted]

フットリハケア 初めて体験しましたが とても良かったです。足が軽くなりました。ありがとうございました。

T・T様

初めてのフット体験、当店を選んでいただきまして

ありがとうございました。

気に入っていただけたようでうれしいです！

ぜひいろいろ試してみてくださいね。

担当 [redacted]

アンケートへのお返事を掲示することで、間接的なコミュニケーションになる

当にうれしいです。時々こちらにいらっしゃるとのことですので、ぜひまたお会いしたいです!」
「フットリンパケア初めて体験しましたが、とてもよかったです。足が軽くなりました。ありがとうございました。」

返信⇦

「T・T様　初めてのフット体験、当店を選んでいただきましてありがとうございました。気に入っていただけたようでうれしいです!　ぜひいろいろ試してみてくださいね。」

お客様は、返事の入ったアンケートが店内に貼り出されているのを見て、自分に宛てた内容だとわかれば、きっと喜んでくださるとはじめた工夫です。今では、お客様との間接的なコミュニケーションになっています。

HINT

アンケートも立派なコミュニケーションツール!

4 思いを伝える「販促ツール」

当店では、ＰＯＰづくりにも力を入れています。季節に合わせた健康情報や、自分たちでストレッチをしている様子などをコメント付きで貼り出しています。

もちろん、このＰＯＰもお客様とのコミュニケーションのきっかけとなるように工夫してつくっています。

ＰＯＰづくりが得意な他業種のお店を訪問したり、書籍を購入して研究するなどして、スタッフ同士で議論を重ねています。

こだわりは、**見栄えよりも手づくり感を大切にしている**こと。当店ではタイムリーな内容をお客様にお届けしたいので、ＰＯＰ以外のお客様にお配りするパンフレットやチラシも業者に頼まず、すべてスタッフがつくっています。

その形式は100%手書きのもの、パソコンを使ってつくったものなど、さまざまです。写真も自分たちで撮ったものなので、少々ピンボケの画像もありますが、皆で楽しく制作しています。

◇キャラクターを使ったPOP

なかでも、とても面白いPOPをご紹介します。

当店にはチケットがあるのですが、値段別にそれぞれのキャラクターをつくり、そのキャラクターたちがチケットを紹介しているPOPです（次ページ）。

一番高いチケットは長男、真ん中の値段は次男、一番安いものが三男という設定で、それぞれのキャラクターが自分の紹介をするというものです。

これは女性スタッフの発案ですが、とてもユニークで目立っています。

◇妊婦さん、お子様連れの方への貼り紙

店内には、「危険回避」のためのお知らせも貼り出しています。具体的には、妊婦さん

図17 ◆ キャラクターでチケットを紹介した店内POP

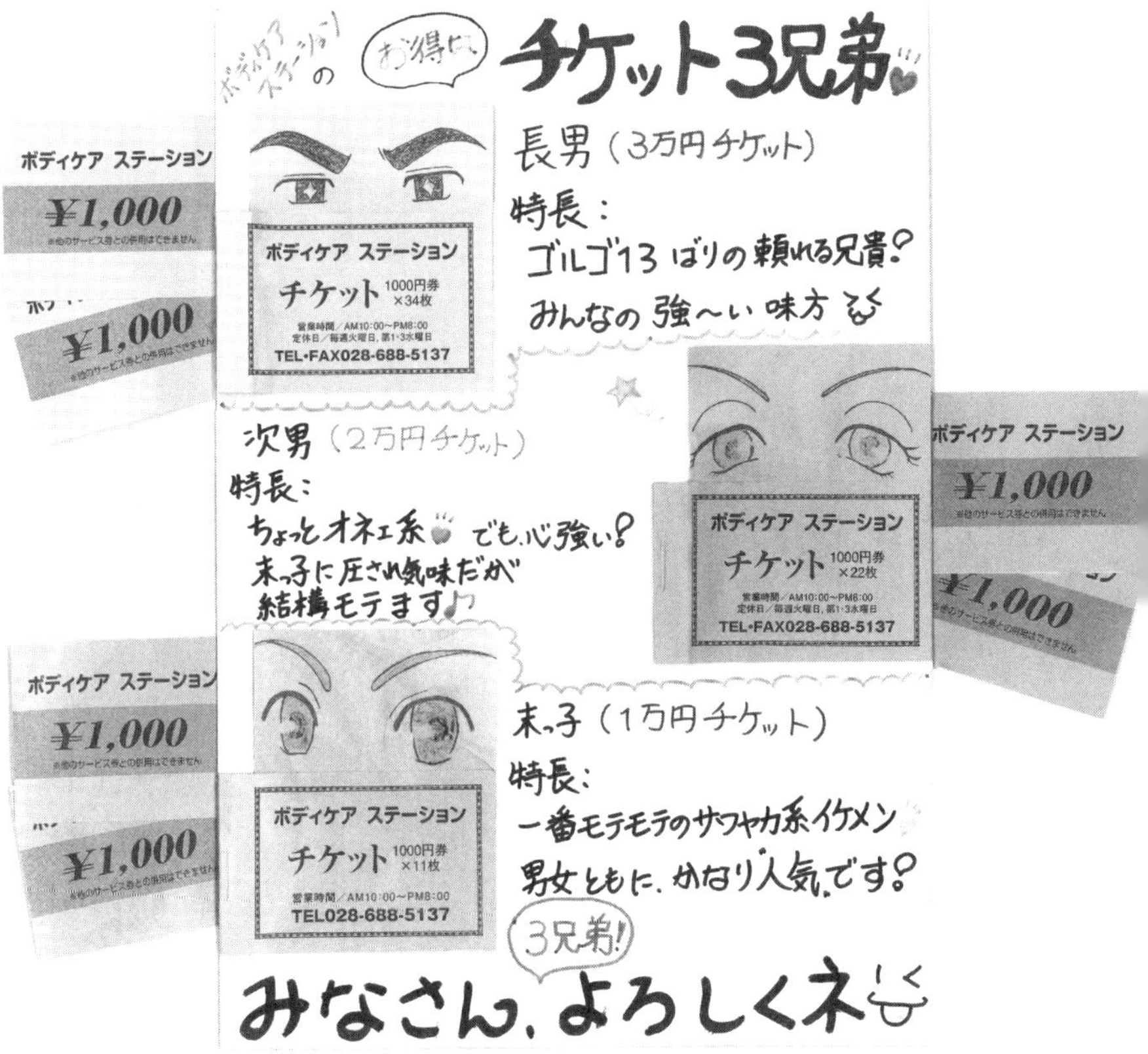

とお子様連れのお客様向けの2種類です。

お店に行くと、「お子様連れはご遠慮ください」「妊婦の方はお断りします」という貼り紙を見かけますよね。

私の店でも、小さなお子様連れと妊婦さんはお断りをしています。しかし、そういうお客様も、本当は何とかしてさしあげたい気持ちはやまやまなのです。そこで、苦渋の決断としてお断りをしています、という店の思いを伝える貼り紙をしています。

次ページは、実際に私の店内に貼り出しているPOPです。新規の女性の方には必ずご一読いただくようにしています。

できることと、できないことをはっきり伝えるのも、大切なコミュニケーションだと思います。

◇2種類のカード

POPの他にも、お客様とのコミュニケーションツールがあります。1つ目は、初めてのお客様に「本日担当させていただきます○○です」と名刺をお渡しするときに一緒に渡すカードです。

図18 「妊婦さんへのお知らせ」で店の思いを伝える

妊娠中またその可能性のある方へ
大切なお知らせ

当店では妊娠中またその可能性のある方への施術は お断りをいたしております

＜お断わりにいたるまで＞

妊娠中は肩や腰がつらくなりますよね。　脚のむくみも気になると思います。

何とか私たちで出来ることはないかと色々考えました。

しかし妊娠中はご本人が思っているより体に大きな変化が起こっています。

整体の施術は急激に血行を促進します。そのため血圧が変動します。

体には婦人科系の活性を促すツボがあり、それは子宮の収縮を助長します。

そして以上のことを考えると、何とかしてあげたい気持ちを抑えてでもちゃんとお断りすることの方が大切だという結論にいたりました。

面倒だからお断りするのではありません。

「幸せを運ぶ赤ちゃんのためにもお母さんの体はいかなるときも安全であってほしい。」

その思いがお断りという言葉になりました。

数か月後、元気な赤ちゃんが生まれ、お母さんも順調に回復したら

その分お祝いの気持ちで整体をさせてください。

嬉しいお知らせをお待ちしております。

Body care station　スタッフ一同

図19 ◆ 店のことを思い出していただくためのカード

初めての方には受付で予診票をお書きいただいたり、今日のお身体の様子を聞き取りしたりと、ベッドに横になるまでお時間をいただくことがあるので、その感謝の気持ちをカードに記しておきます。**最初の段階で、できるだけ打ち解けるためのツール**となります。

そして2つ目は、施術が終わってお茶を用意する際に置くカードです。施術後はほとんどのお客様が気持ちよくてボーッとしています。すると、いろいろ言っても覚えていてもらえないので、「水分を多めにとってくださいね」「またお会いできる日を楽しみにしています」など、アドバイスやメッセージをカードに書いておきます。

どちらのカードもお持ち帰りいただけるので、帰りの車の中や家に着いてから、または数日後ひょっこりバッグの中から出てきて、もう一度目にしていただけます。そこでこのカードが**店に代わってコミュニケーションをとってくれる**というわけです。

◇折り紙でコミュニケーション

宇都宮には「きぶな」の健康伝説があります。昔、疫病が流行ったとき、宇都宮の人が黄色いふなを食べたら治った伝説から、健康のお守りとして言い伝えられているのだそうです。

私は、この仕事は健康を売る商売だと思っているので、この「きぶな」を何とか取り入れられないかと調べていたら、専用の折り紙があることを知りました。早速買いに行き、1枚1枚「健康でお過ごしいただけますように」「風邪を引きませんように」と健康祈願のメッセージを書き、暇さえあればきぶなの折り紙を折っています。

そしてお帰りのとき、「こちらは宇都宮の健康のお守りです。ぜひ、お財布にでも入れておいてください」と言って渡します。

図20 ◆ お客様の健康を願ってお渡しする「きぶな」の折り紙

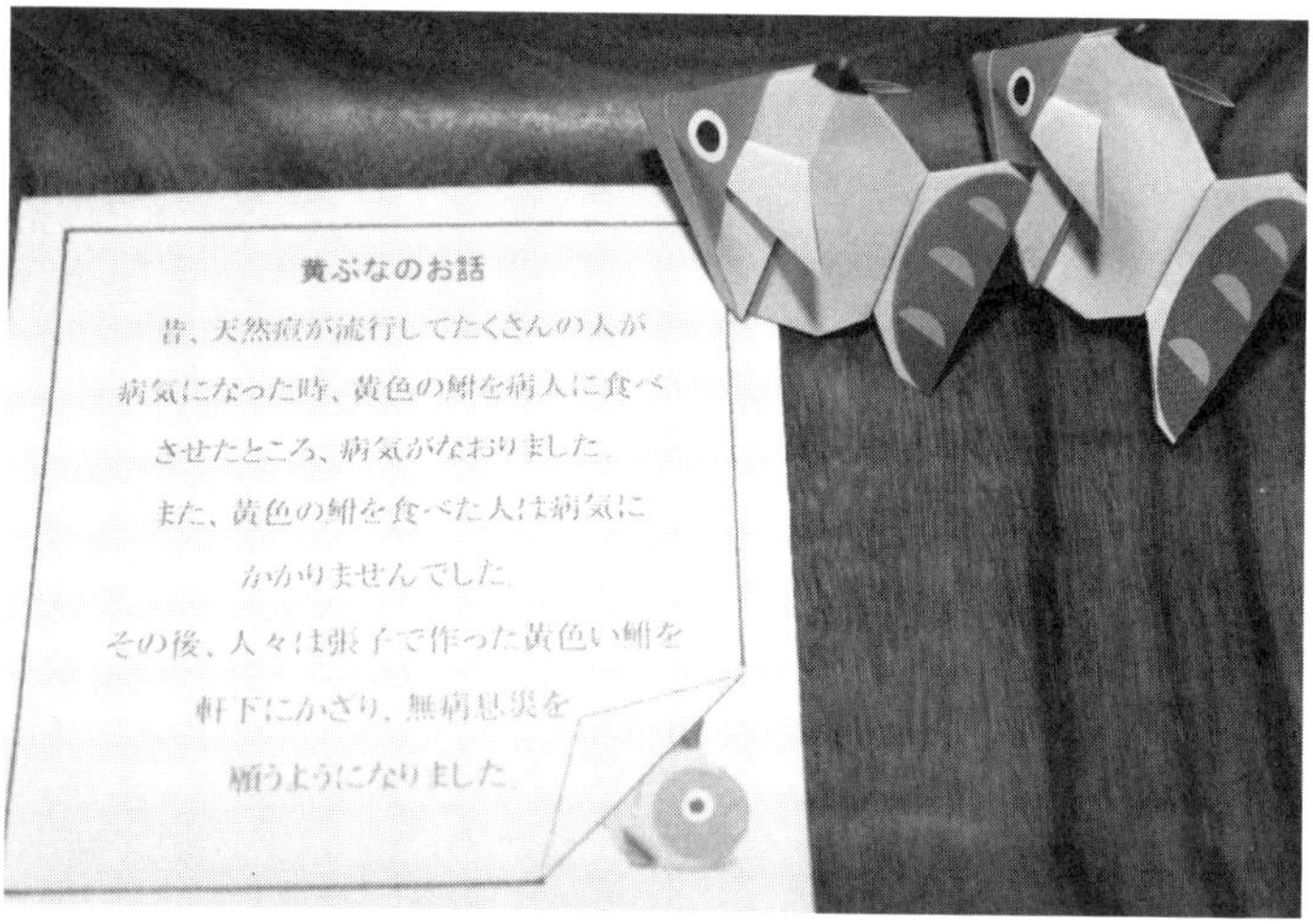

これはとても評判がよく、

「これ、自分で折ったの？」

「そうなんです。皆さんの健康を祈りながら、折ってるんですよ」

というような会話につながり、穏やかな気持ちでお帰りいただけます。

以上は、私の店で実際にやっている取り組みです。

このように、直接対面して行なう接客だけではなく、**店内のすべてが「お客様に笑顔でお帰りいただきたい」という気持ちを伝えるコミュニケーションの場**なのです。

あなたのお店でも、もうすでにやってい

ることもあるかもしれませんね。
もし、こだわってやっていることがあれば、ずっと継続してください。途中で面倒に感じることもあるかもしれませんが、その一つひとつが大切なお客様とのコミュニケーションなのですから。

HINT

販促物にも一つひとつ心を込めて。

7章

コミュニケーションで信頼獲得できた！リピート成功事例

1 お孫さんを「高い高い」したいおばあちゃん

私は、この仕事についてから、たくさんのお客様と接してきました。

最初は自分には向いていないのかもしれないと悩んだ時期もありましたが、今も同じ仕事を続けられているのは、お客様からいただいた心を豊かにしてくれるエピソードの数々があるからです。

この章では、お客様とコミュニケーションをとる中で、特に印象に残っているエピソードをご紹介したいと思います。

そのお客様は、「肩が痛いから」と来院されました。

いつものように問診させていただき、ニーズを聞き取りました。触ってみると、肩が相当固くなっていたので、しっかり肩こりの原因筋をほぐしていくことを伝え、施術を開始しました。

「そのつらさがあることで何が困りますか？」

という質問には、「腕が上がらないことが困る」とおっしゃいます。

「そのつらさがなくなったら何がしたいですか？」

という質問には、「重いものを持てるようになりたい」とおっしゃいます。

私は、「買い物で重い荷物を持つことがつらいのかな？」と思い、そのように話しかけました。

「スーパーの荷物、重いですもんね。主婦は毎日が腕の筋トレみたいですよね」

「ほんとね。キャベツと大根買ったら、相当重いから」

そんな会話をしながら、施術は進みました。すると、お客様がこんなことをぽつりとつぶやいたのです。

「来月、また孫が来るのよ。『高い高い』すると喜んで笑うんだけどね。今回は勘弁してもらわなきゃね」

そのお客様は、肩が痛いのを何とかしてほしくてご来院されました。もちろん、日々の生活の中で痛むこともお困りなのでしょう。しかし、それだけではなかったのです。来月来るお孫さんを「高い高い」したかったのです。

「お孫さんを楽しませたい」というおばあちゃんの深層心理が、私に何とかしてほしいというSOSを出しているのだと、そのとき思いました。

私は思わず、

「『高い高い』してあげましょう！　お孫さんが来るまで、一緒に頑張りましょう！」

と言っていました。

そして、店で肩の固さをほぐすことと、毎日、抱っこするときに必要な腕や背中の筋肉を鍛えることを提案しました。肩の弱さをカバーできるように、1カ月の運動メニューも一緒に考えました。

目標は、来月、孫を思う存分「高い高い」すること。

初めは肩が気になって暗い顔をしていたお客様でしたが、目標ができたことで気持ちがすっきりしたのか、お帰りのときはとても明るい表情になっていました。

もちろん、そのお客様は店に通うことも、日々の運動も、頑張って目標を達成しました。


「ケラケラ笑うとかわいいから、やりすぎちゃった〜」

「○○さん、よかったですね。『高い高い』してあげられて」

そのときのご来店は合計3回でしたが、そんなお客様からのご報告を聞き、私は何だか自分のことのようにうれしくなりました。


その後も、そのお客様は「明日、電車で出かけるから」「バスツアーに行くから」と、ことあるごとに来てくださっています。

肩こりで来られるお客様一人ひとりにそれぞれのエピソードがあるはずです。そのエピソードまで含めてケアができなきゃダメなんだ！ そんなふうに考えられるようになったきっかけとなりました。

2

骨盤のバランスを治したい歩行障害のお父さん

このお客様は、常連のお客様のご紹介でお越しくださいました。

重心のバランスがとれなくてまっすぐ歩けない。歩き出しを急ぐと転んでしまう。そんなお話をしてくださいました。

「医者にも通ったし、整骨院にも何年も通ったんだよ。でも、全然ダメなんだよね。もうこのまま杖が離せないのかと覚悟してたとき、知り合いの奥さんからここを聞いてきたんだよ」

と、切実なお声でした。

まずは問診です。すると、①日々の生活が困る、②ゴルフができるようになりたい、という2つのニーズがわかりました。

そこからお客様は、ゴルフの話をひとしきり聞かせてくれました。

この方はゴルフがとても上手で、それが自慢だったのに、ゴルフができなくなってしまった自分の身体がどうにも歯がゆいのかもしれない。お話を聞いているうちに、そう感じました。

そこで私は、

「最終目標はゴルフができるようになりましょう！」

とお伝えして、初日の施術をはじめました。

崩れたバランスをとりながら長年生活をしてきた身体は、どこもかしこもガチガチに固まっています。初回は全身の筋肉を丁寧に和らげていきます。

初めは触られることに慣れない筋肉は抵抗をしていましたが、ゴルフのお話をしながら施術を進めると、どんどんゆるんでいきました。

2回目は骨盤矯正。この日から杖がいらなくなりました。

「すごいよ。すごいよ。身体がふらつかないし、早く歩ける」

そう言って、店内を杖なしで早歩きをして見せてくれました。

3回目、4回目と来院回数を重ねるたびにどんどん元気になられて、ついに「ゴルフに行こうと思うんだ」と、うれしそうに教えてくださいました。

初回時にじっくりお話が聞けたおかげで、お客様の本当のニーズを読み取ることができ、一緒に目標を立てることができました。そのときにできた信頼関係が、何度も通っていただくことにつながり、目標達成を一緒に喜べる日もきたのです。

お客様は、今でも奥様と定期的に通ってくださっています。

ゴルフに行く前の日には必ずご予約をしてくださり、次回にはゴルフの成績を教えてくださいます。

そんな通い方をしてくださっていたある日、

「ねぇねぇ、先生。この間、ホールインワン出しちゃったよ！」

と店内に入るなり、満面の笑みです。何だか報告をしたくてたまらなかった、という感じです。

「○○さん、ついにやりましたね！　頑張ってよかった〜」

と、私も自分のことのように本気でうれしく思いました。初日にいらっしゃったときは、こんな日が来るなんて想像もしていなかったので、涙が出そうでした。

そのお客様はもう定年をだいぶ過ぎていらっしゃいますが、どんどん意欲的になられて、次の目標まで立ててくださいました。

「娘と海外に行くんだけどさ、娘とゴルフしたかったんだよね。かっこ悪いとこ見せられないじゃん」

この言葉だけ聞いたら、とても歩行に障害があるなんて感じはしませんよね。

3

息子さんの話を聞いてほしかったお母さん

3人の息子を立派に育て上げ、趣味のダンスに通っている店のすぐ近くにお住まいの奥様。初めてのご来店はダンスの発表会が近々あって、その練習のせいで腰と脚が痛い、そんな訴えでした。

とてもお話好きな方で、施術中もいろいろと話してくださるのですが、身体に触ってみると、ダンスをしているだけあって筋肉は柔らかいし、強いこりも見当たりません。お話を伺っているうちに、この方は家族が夜遅くまで誰も帰ってこず、誰とも話せないことがストレスなのかもしれない、ということがわかりました。

そこで、できるだけ気持ちよくお話をしていただけるように、強い刺激を与えないような施術にして、初回は「へえ、すごいですね」「なるほど～」「そうでしたか」と細かく合いの手を入れるようにしました。

丸々1時間、話をしたことでだいぶスッキリしていただけたようで、3日後に電話で予約をしてくださいました。

「旦那と息子しかしないから、お姫様のように扱われて嫌になっちゃう」

「あら、いいじゃないですか～。私もお姫様になってみたいです」

こんな会話ができるようになった頃、ある日突然、「今、空いてる？」と覗きに来ました。

「どうぞ、どうぞ」と招き入れ、いつもの60分コースがはじまりました。

すると急に、「最近、頭痛がして眠れないのよ」とおっしゃいます。

「眠れないほどじゃ、つらいですね。〇〇さんまじめだから、また何か頑張りすぎたんじゃないですか？」

という言葉をきっかけに、息子さんの話になりました。

「次男と三男は大学を出て、結婚もしているから心配はないんだけど、長男が独身で夜中帰って来ては私にご飯をつくれって言うのよ。もう私も60になるんだから楽をしたいのに、顔を見れば飯、飯って、いったい何だと思っているのかしら」

さらに、旦那様がそれを黙って見ているのが余計に腹立たしい、ということでした。

「長男さんは優しいんですね。きっと○○さんが心配で結婚できないんですね。そんな大切なお母さんの身体だから、私も大切にほぐさせていただかなきゃ」

私がそう言った途端、お客様は身体を震わせて声が出てしまうほど泣いてしまいました。

私は少し驚きましたが、ゆっくり黙って、お客様の背中をほぐしました。ひとしきり涙を流したお客様は、いつの間にか寝息を立てています。

きっと弟たちに先を越された長男さんが心配だったのだと思います。プライドが高い方だったので、そんな思いを誰にも話せず、気を揉んで夜も眠れなかったのかもしれません。

施術が終わり、気持ちと身体が和らいだのか、「ごめんね。恥かしいところを見せてしまって」と言って、また涙目になりながらお会計を済ませてくださいました。

施術者は身体だけをほぐせばいいのではなく、心もほぐせないとダメなんだな、と感じたエピソードでした。

数日後、お客様は大きなカゴに入った果物を、「この前のお礼とお詫びね」と言って届けてくださいました。

「先生って独身？ 長男は優しいのが取り柄でね」とはじまったのにはびっくりしましたが、「またお話、聞かせてくださいね。いつでもご予約お待ちしてますね」とにこやかに、かつ丁重にお断りをしたら、「そうだよね」と大笑いしてお帰りになりました。

その後も、ダンスの発表会のお話や、友達と行った旅行の話をしに来てくださいます。ちゃんと60分の施術を受けていただきながら。

地域にひとつ、こんな駆け込み寺があってもいいのかなと、「聞く」ことの大切さに気づいたエピソードでした。

4

抗がん剤に耐えながら通ってくれたお母さん

その方は、娘さんに連れられてご来店されました。

近くに行かないと聞き取れないほど弱々しく、絞り出すように話をする方でした。

「今日はどのあたりがつらいですか?」と聞くと、「全部」と答えます。

これは困ったなあ、と思いながら、「どんなときが一番つらいですか?」と聞くと、ポツリポツリと自分のことを話してくださるようになりました。

お話を聞くと、今、膵臓がんと闘っていること、抗がん剤治療がワンクール終わったこと、どこに行くにも娘さんに送り迎えを頼むのが心苦しいこと、骨と皮しかなくなっちゃって不安なこと、肩甲骨のところがとても苦しくなること……。お客様が今、抱えているつらさを話してくださいました。

他のことは何もしてあげられないけど、肩甲骨なら何とかなりそう、ということでベッドにご誘導しました。

ところが、手術跡があって痛いので、うつ伏せにはなれないとおっしゃいます。すぐに横向きになっていただき、少しの力でも折れそうな身体を、バスタオルを何枚も丸めてクッションにしてスタンバイしました。

肩甲骨の内側を押してほしいと言うので慎重に、一押し一押し確認しながら施術しました。

「どこに行っても、私の姿を見ると断られるの」

と寂しそうにおっしゃいます。

「たくさんあるつらさのひとつでも、私のできることがあればやらせていただきますね」

そう返事をすると、「よかった」と言って、微笑んでくれました。

確かに、私の施術でできることはほんのわずかです。でも、できないことを探すのではなく、できることを探せば、何かあるはずと慎重に進めました。

60分コースのご要望でしたが、同じ姿勢のまま60分は、逆につらくさせてしまうのではないかと思い、30分に変更をお願いすると、娘さんが迎えに来る時間を変更すると迷惑をかけるから、とおっしゃいます。なので、30分の施術と30分のお話をさせていただくことにしました。

「ああ、気持ちがいい」

時々そう言って目を閉じるお客様に、「ここが気持ちいいですね〜」とだけ、声をかけます。

「そこはちょっと」

と消え入りそうな声がかかれば、「ここはやめておきましょうね」とだけ答えます。

そんな30分が終わって起き上がったお顔は、少し目の見開きが大きくなって、にこやかに見えました。

そこからお客様のご病気の話、昔勤めていた頃の話を聞かせていただき、お約束の60分が終わりました。もちろん、施術は30分でしたので、料金はその分だけいただきました。

この判断にお客様はとても喜んでくださって、そこから1週間、2日に一度のペースで通ってくださいました。

抗がん剤治療の次のクールが終わったらまた来たいと言って、2クール目も同じペースで通っていました。しかし、その後パタリと連絡がなくなってしまい、心配はしていたものの半年も経つと、だんだん記憶から抜けていきました。

1年が過ぎた頃、近くのコインランドリーで店のタオルを乾燥してたたんでいると、「美容室の方ですか？ 同じ色のタオルだからそうかと思って」と女性が声をかけてくれました。私は、すぐ近くの整体院の者だと伝えました。

すると、「もしかして、スリーエイの先生ですか？ 私は以前、そちらでお世話になっていた○○の娘です。その節はありがとうございました」と椅子から立ち上がり、そう言うのです。

お名前とお顔を一致させるのに時間がかかっていると、「抗がん剤治療の合間に通っていた……」と言われ、「あっ！ お母様お元気ですか？」とすぐに思い出しました。

すると、娘さんが、

「母は3カ月前に亡くなりました。抗がん剤が終わったら、またスリーエイに行きたいとずっと楽しみにしていたんです。結局叶わないまま亡くなりました」

それを聞いたとたん、骨と皮になって肩甲骨が苦しいとおっしゃっていたお顔を思い出し、胸が詰まってしまいました。

ですが、娘さんに「死ぬ間際に楽しみをいただいてありがとうございました」と言われたとき、改めてこの仕事の素晴らしさを感じました。

お客様が何をしてほしいのかを読み取るコミュニケーションができたことで、人生で一番つらいときの心と身体に寄り添うことができたのだと思います。

5 ありのままを受け入れたら安心してくれた男性

初めてご来店くださった男性。どうも、精神的にだいぶつらそうに見えます。

「今、何が一番おつらいですか？」

相手の話し方のトーンに合わせ、ゆっくり静かにそう聞くと、「眠れないことと、肩が張って頭痛がすること」と答えてくださいました。

60分のコースでしたので、呼吸に合わせて圧を調整し、全身の血行を促進させることと肩首の張りをほぐして最後に頭痛のツボを押そう。そんな施術の組み立てをしました。すると、「先生の笑顔と話し方は癒されますね」と言ってくださり、施術の半分はリラックスして寝息を立ててくれました。

いつものように「今日は圧をかけることに慣れていただき、次回はもう少し深い施術をしていきましょう」とご提案すると、すぐに予約を入れてくださり、1週間後に再来店していただきました。

2回目も、「お待ちしておりました。今日は顔色がいいですね。体調はどうですか？」と、前回癒されると言ってくださった笑顔を意識してお迎えしました。

初めて扉を開けたときとは別人のように明るい笑顔を返してくれて、心を開いてくれたことがわかりました。心がゆるむと身体もゆるみます。前回とは身体もまるで違います。そのことを伝えると、前回と同じように優しく揉みほぐしてほしいということで、施術をスタートしました。

しかし、依然なんとなく歯切れの悪い様子に、私は精神的な不安があるのではないかと思い、「前回から今日までちゃんと眠れましたか？」と聞くと、施術の当日は家に帰って次の日の朝までぐっすり眠れたこと、その後はまた眠れなくて睡眠薬が離せないことを教えてくれました。

確かに、爪を見れば強い薬を飲んでいるのかもしれないと想像はしていましたが、かなりの重度のようでした。

ここに来たときはとにかくリラックスしてもらうことを考えようと、言葉の選択、声の大きさを気にしながら接するようにしました。

その後も2週間に一度通ってくださっていたある日、お客様はいつものGパンではなく、女性もののブーツとショートパンツ、白のニット姿で現われたのです。

そうか、そういうことか……とすぐに気がつき、何事もない顔をして、

「○○さん、今日はいつもと違って優しい感じの服なのね。すごく似合う」

そう言うと、

「やっぱり。先生なら大丈夫だと思った」

と言って、悩みを打ち明けてくれるようになりました。

その日からは、お客様は必ず女性の姿でいらっしゃるようになりました。

会社や家では男性として生きなければならないこと、会社ではなよなよしているといじめられていること、精神科の担当医が本気で自分を心配してくれないことなど、内容はとても重く、私自身も受け止められるかどうか不安でした。

ところがある日、お客様が、

「私、今日は生理みたいでお腹が痛いの」

と言うのです。一般的にはありえないことですが、本人がそう感じているのであれば、それが本人にとっての真実なのだと受け入れ、

「そっか、じゃあ今日は腰を強く押さないようにしますね。おうちでもお腹を温めてね」

と伝えました。すると、お客様は

「ごめんね。先生、ビックリしたよね。でも、ありがとう」

本人はわかって言っている。嘘でもそれを受け入れてほしかったのだと気づき、そこからは何を言ってもお客様を受け入れて話を聞くようにしました。

その後、私が病気をしたときには、栄養があるからと健康食品を持ってきてくれたり、疲れて見えるからと心が休まる動物の写真集を買ってきてくれました。

しばらく通ったことで自分自身を受け入れられるようになった彼（彼女）は、だんだん来る回数が減ってきています。施術時間中、ずっと話を聞き、受け入れ続けたことで、このお客様の望んでいたことが叶えられたのかもしれません。

施術者は手を使い、心を使い、気を使い、寄り添い続けることで、お医者様とは違った元気の与え方ができると実感したエピソードです。

6 先入観という壁を壊す大切さを教えてくれた男性

いつも閉店ギリギリに「まだ大丈夫？」とお電話をしてくるお客様。

閉店までの30分でしたら、とお受けしたのがはじまりでした。

仕事が終わってから急いで来てくださったようで、靴下は真っ黒。Tシャツは汗じみで黒ずみ、首元がボロボロです。

「うわ！　敷いてあるタオルが汚れちゃう」

とっさにこう思ってしまいました。

その風貌から、「来てほしくないな」と心の中で思ってしまっていたと思います。こんな格好で来るのだから、きっと長いコースなんかすすめても断られるよ、そんな先入観もあったかもしれません。そんなわけで、特に次回をおすすめすることもしませんでした。

ところが数日後、またそのお客様から予約の電話がきました。やはり仕事上がりで閉店ギリギリです。そして、やっぱりまた前回と同じ靴下とTシャツ。

そんなお客様に対して気分が乗らず、笑顔も少なかったかもしれません。

「小さい店だし、汚れたままでも大丈夫な店だ」、そう思っているに違いない、嫌だな、その日もそんな思いだったような気がします。

その方から3回目のご予約がきたときは、断っちゃおうかな……、正直そう思いました。

しかし、その日の売上は多くなかったので、予約を受けることにしました。

ところがお客様は、今回はまるでファッション雑誌から抜け出たような服装で現われたのです。靴下も汚れていないし、靴も真っ黒なスニーカーではなく革靴で、最初は別人かと思ったくらいです。

「えっと……○○様？　今日は、どちらかお出かけのお帰りですか……？」

と、しどろもどろの私に、

「普段はこんな感じなんです。いつも汚いわけじゃないんだよ」

と見透かされてしまいました。

実はこの方、廃材を集めて加工する会社の社長さんで、忙しいときは現場に出ているのだということを話してくれました。

知り合いから私の店のことを聞き、閉店に間に合うように仕事場から車を飛ばして来てくれたこと、施術を気に入って通ってくれたこと、話を聞けば聞くほど自分の態度の悪さ、お客様を先入観で判断して、ものすごく失礼だったことを思い知らされました。

「地域の皆様の元気に貢献する」という目標は上面だけで、薄っぺらだったと反省しました。店に足を運んでくださった方に、本当に最高の笑顔と最高のコミュニケーションで接することができているのか、再確認させていただく大切なきっかけとなりました。

その後も時々仕事帰りに来てくださいますが、先入観の壁を崩せたことで、ボロボロTシャツも真っ黒靴下も、まったく気にならなくなりました。

7

震災避難所でのエピソード

当時のことは今でも忘れません。２０１１年の東日本大震災の後、津波の映像や原発のニュース映像を見ながら、私には何ができるだろうと考えました。

私たちには人を癒せる手がある。そう思い立った私は、スクールの生徒、卒業生に声をかけ、栃木に避難しに来ている方がいる体育館に、折り畳みベッドを持ってボランティアとして向かいました。

腕に名前を記入したガムテープを貼り、割り当てられたホールの片隅にベッド2台を並べて、

「肩揉みをしに来ました。肩はこっていませんか？　腰は痛くないですか？」

と声をかけました。すると、薄暗い体育館から次々と揉んでほしいという方が出てきてくださいました。

時間が決まっていたので、ベッド2台の他に急きょ畳を借りて、一度に3人施術できるようにしましたが、それでも施術を待つ人で行列ができてしまうほどでした。

床の上に布団が敷かれ、段ボールで仕切られた体育館は、日中でも寝ている人がいるからと暗幕が引かれていました。そんな環境からも、皆さんの身体は固まっていました。

着の身着のままで避難してきた方たちですから、家のことが心配。離れ離れになった家族が心配。そしてこの先がまったく見えずに不安……。極限の環境と極限の心労で、身体は強張り、15分くらいでは何もしてあげられなかったのが本当だと思います。

しかし、肩を揉み、背中をさすり、涙を流しながら話してくださるお客様に、「そうでしたか」とあいづちを打ち続けました。

何度か訪問するうちに顔見知りになり、ありがたいことに皆さんが心待ちにしてくださるようになりました。

決まった時間に行くと、もうすでに予約表はいっぱい。にもかかわらず、自分の順番はしばらく先なのに「待ってたよ」と手を振って迎えてくださいます。

不便な場所で短い時間。いくらも施術効果はなかったかもしれません。でも、このときばかりは、「聞き続ける」という施術もあるのだと実感しました。

その体育館も利用期限があって、皆さんがそれぞれ別の避難場所へ移動することが決まりました。「もう会えないから」と、わざわざタクシーで私の店まで来てくださった方もいらっしゃり、「ゆっくり先生を独り占めできてよかったなあ」と喜んで帰って行かれました。

そのお客様は、しばらくは鬼怒川の避難先から電話をくださいましたが、そこもまた出なければならないとご連絡があった後は、かかってこなくなってしまいました。

半年くらい経って、こちらから携帯電話に連絡を入れたときには、もうつながらなくなっていました。

あのとき、列に並んでくださった方全員が無事に暮らしていることを心から願ってやみません。このときほど整体師でよかった、できることがあってよかったと思ったことはありません。

この体験は、今でも整体師を目指す人たちに伝えています。

「心と身体、どちらも癒してあげられる施術者になってね。私たちにはそれができる術があるんだから」と。

おわりに

施術者の仕事は肉体労働です。たくさん稼ごうと思えば、身体もつらくなります。でも、目の前のお客様を助けることができていると信じて仕事をすることで、もうひと頑張りできますし、それを続けることで結果、繁盛につながりました。

高校を卒業してすぐに結婚し、子育てと家事しかしてこなかった中年女性が離婚後、独り身で夜中にアルバイトをしながら資格をとって14年あまり。今では経営者として、施術サロン2店舗、スタッフを9人抱え、スクールを運営するまでになりました。

今、私の店のある地域は、私の地元ではありません。たまたま知人に紹介された不動産屋さんに安い家賃で借りられる物件を見つけていただいた場所です。右も左もわからない場所ではじめた店でしたが、今では地域の皆さんが家族のように接してくれます。

近くの保育園は、なんと職場全員が常連のお客様です。しかも、市の保育所は転勤があるので、その転勤先でも紹介してくださり、どんどんつながりが広がっていきました。

ありがたいことに、私がひとりで店を出してからスタッフを雇うまでの数年間、宣伝広告費はホームページのサーバー代と、「栃ナビ」という地元の検索サイトへの掲載費、合わせて1万3000円のみ。ほとんどが先程のようなご紹介で、顧客が倍々に増えていきました。

私は、どのお客様にも継続して通うことの大切さを伝えてきました。私がお客様お一人おひとりの健康を管理していく、もっと言えば、地域の皆さんが健康で元気に暮らしていただくのが私の仕事！　そういう思いで、日々施術をしてきました。

今、目の前にいるお客様が店に通うことで健康になったら、きっと家族にも健康になってほしいからと紹介をしてくださいます。家族だけでなく、友人や職場の仲間にも紹介してくれるかもしれません。そうして店に通ってくれる人が増えてくると、地域の中でも店の存在を認知してもらえるようになってきます。

私が考える繁盛店。それは、コミュニケーションによって相手のニーズを逃さない店。お客様から信頼される店です。そのために、通うことの大切さを伝え続け、中で働く施術者がこの仕事に誇りを持ってお客様のために働いていなければなりません。私自身、これからもずっと続けていかなければなりません。そして、スタッフや生徒たちに伝え続けなければなりません。

これからの世の中には、私たち施術者の「人を幸せにできる施術と思い」が必要だと、私は本気で考えています。同じ思いで地域に貢献している施術者が各地域で頑張っていれば、日本中を元気にすることができるはずです。

そんな未来のためにも、繁盛院をつくってください。私も皆さんに負けないように繁盛店をつくっていきます。

＊

最後に、私が本を出すきっかけをくださったサトーカメラ代表取締役専務の佐藤勝人さん、本を出すことの大変さを教えてくださり、訪問すると優しい笑顔で迎えてくださった同文舘出版の古市達彦編集長、二人三脚で走ってくださった戸井田歩さん。執筆を応援してくださった、たくさんの経営者や著者の先輩方。

私と日々一緒の方向を向いて走ってくれているスタッフの皆さん。皆さんがいてくれるから、私の思い描く「地域を元気にする店」が叶えられています。いつもありがとう。

本書でも紹介しました地域のお客様、店とそこで働くスタッフたちを愛してくださり、ありがとうございます。

そして、施術者として働く私をここまで支えてくれた家族、夜遅くまで職場で原稿を書く私に付き合って応援し続けてくれた主人に心からお礼を言います。

この本が施術者の皆様に届き、それぞれの地域で活躍され、この業界がますます発展していくこと、それが日本を元気にする原動力となることを信じています。

安東久美

著者略歴

安東久美（あんどう　くみ）

ほぐし手伝道師、整体師、I・MATT グループ CEO、NPO 法人 メディカル療法師認定協会 客員准教授、一般社団法人 国際メディカルセラピスト育成協会 代表理事
高校を卒業後すぐに結婚、3人の男児を育てる。その後、離婚、対人恐怖、うつなどを克服し、整体師資格を取得。平成15年、宇都宮市に整体院を開業する。平成18年、NPO 法人メディカル療法師認定協会にて講師登録、スクール事業をスタート。平成26年、一般社団法人国際メディカルセラピスト育成協会を設立し、代表を務める。現在は2店舗を運営しながら、「施術者を一人ぼっちにしない」「施術者の輪が日本を元気にする」をモットーに、業界で長く生き残る施術者を育成するためにスキルアップセミナーや経営相談を行なう他、女性の一生と骨盤の関係など女性を元気にするセミナー活動も行なっている。「ほぐし手伝道師」として、整体師の地位向上と業界で働く人たちの意識改革を目指し、日々奮闘中。

【問い合わせ】
一般社団法人 国際メディカルセラピスト育成協会
〒321-0138　宇都宮市兵庫塚 3-10-30-1 階　TEL 028-655-7111
http://www.i-matt.jp/

いつもリピーターで予約がいっぱい！
"地域一番" 繁盛院の接客術

平成28年5月6日　初版発行

著　者 —— 安東久美

発行者 —— 中島治久

発行所 —— 同文舘出版株式会社

東京都千代田区神田神保町 1-41　〒101-0051
電話　営業 03（3294）1801　編集 03（3294）1802
振替 00100-8-42935
http://www.dobunkan.co.jp/

ISBN978-4-495-53431-8
印刷／製本：萩原印刷
Printed in Japan 2016